Bussole · 469

Scienze della comunicazione

1ª ristampa, ottobre 2014
2ª edizione, marzo 2013
1ª edizione, ottobre 2009

Impaginazione
Fregi e Majuscole, Torino

ISBN 978-88-430-6793-0

I lettori che desiderano informazioni sui volumi
pubblicati dalla casa editrice possono rivolgersi direttamente a:
Carocci editore
Corso Vittorio Emanuele II, 229
00186 Roma
tel 06 42 81 84 17
fax 06 42 74 79 31

Siamo su:
http://www.carocci.it
http://www.facebook.com/carocciedítore
http://www.twitter.com/carocciedítore

Giorgio Zanchini

Il giornalismo culturale

Carocci editore Bussole

A mio padre Gian Paolo,
in memoria

Ringraziamenti

Grazie a Giovanni Boccia Artieri, Roberta Bartoletti, Simona Bonchio, Stefano Bucci, Isabella d'Amico, Piero Dorfles, Beatrice Fabbretti, Leopoldo Fabiani, Loredana Lipperini, Armando Massarenti, Lella Mazzoli, Alberto Notarbartolo, Stefano Salis, Camilla Sica, Carlo Sorrentino, Niklas Wagner per le informazioni, i chiarimenti, i suggerimenti.

Indice

Prefazione alla nuova edizione

C'è spesso qualcosa di scontato nello scrivere, tra un'edizione e un'altra di un libro, che molte cose sono cambiate. Qualche volta è vero. Qualche rarissima volta è una minimizzazione. Ecco, crediamo di essere di fronte ad una delle rarissime minimizzazioni. La rivoluzione tecnologica e informatica, la rivoluzione digitale, sta stravolgendo il mondo della comunicazione e dei media. Di tutti i media e di gran parte dei settori del giornalismo, incluso il giornalismo culturale.
Sono passati pochi anni dalla prima edizione di questo libro, e in questi pochi anni – e sono solo alcuni degli esempi possibili – in Italia si sono affermati Facebook e Twitter, nel 2011 nel mondo i dispositivi mobili venduti (smartphone e tablet) hanno superato il numero di personal computer venduti, in Italia sono circa 20 milioni gli utenti che utilizzano gli smartphone, il 52% in più dell'anno precedente. Entro la fine del 2012 gli utenti di smartphone dovrebbero superare gli utenti dei dispositivi dei telefoni cellulari di base, quelli che non dispongono di accesso a Internet e alla posta elettronica. Gli italiani che hanno un tablet sono più di due milioni, e le previsioni ci dicono che i tablet sono destinati a invadere il mercato.
In Italia sono più o meno 14 milioni gli utenti attivi su Internet ogni giorno, il doppio quelli attivi almeno una volta al mese; il tempo impiegato nel giorno medio è attorno all'ora e venti minuti (www.audiweb.it). Il dato più rilevante ci pare però quello delle famiglie con figli che hanno una connessione a Internet: l'89% (ISTAT, 2012), dato rilevante perché ci dice che stanno venendo su generazioni per le quali la Rete è uno strumento abituale.
Nel libro ci confronteremo con numeri che impressionano, ma ci vuole comunque cautela: sono numeri e dati che invecchiano in un batter d'occhio. È il primo elemento da fissare. L'era digitale rende tutto effimero, l'informazione è al centro di questi processi ed è soggetta a continui cambiamenti. Tutte le fotografie che si scatteranno potrebbero virare in breve verso il color seppia.

In Italia le cifre stupiscono, ma ci sono paesi che hanno conosciuto e conoscono strappi ancora più radicali, con gli americani a fare da avanguardia. Negli Stati Uniti è in corso un'inarrestabile diffusione dei dispositivi mobili con accesso a Internet e a informazioni di ogni tipo: oltre il 50% degli adulti americani possiede uno smartphone o un tablet. Potrebbe sorprendere l'utilizzo così frequente della parola rivoluzione. La usano gli studiosi, la usano i giornalisti, qualche storico azzarda il paragone con la profondità e radicalità della rivoluzione gutenberghiana. Sarà appunto la storia a dirci se era un atteggiamento spericolato, se è stata usata un'enfasi eccessiva o, al contrario, se era la verità.

Il cambiamento è senza dubbio radicale: il modo di dare e ricevere informazioni, il modo in cui oggi le persone partecipano al processo dell'informazione e più in generale della comunicazione erano impensabili solo pochi anni fa.

La percezione che si stia vivendo una fase particolare ci pare condivisa: basterebbe misurare la quantità di articoli, interventi, saggi e convegni che convengono sulla rottura in atto.

Vediamo cosa significa nel concreto. In Occidente la carta stampata è in una crisi che sembra inarrestabile. I lettori si stanno spostando sugli schermi dei PC, dei tablet, degli smartphone. Le vendite di tutti i giornali americani nel 2011 non arrivavano alla metà del fatturato di Google. I giovani in media leggono pochi giornali cartacei, guardano meno TV delle generazioni precedenti, ascoltano meno radio. In compenso hanno una frequentazione intensa della Rete, i vari device accompagnano le loro giornate, permettono loro un accesso continuo, rapido e tendenzialmente gratuito all'informazione e all'universo delle relazioni (Avveduto, 2012). Per i nativi digitali "puri", coloro che hanno sino a 16 anni, identità reale e identità virtuale sono un continuum integrato sin dalla prima infanzia e non qualcosa da accettare o rifiutare come per chi si è formato con strumenti più tradizionali. In media il 90% dei preadolescenti statunitensi ed europei usa Internet, decine di milioni di adolescenti e preadolescenti hanno un blog, «i nativi sono simbionti strutturali delle tecnologie e navigano e condividono contenuti e sapere con i loro pari attraverso la rete» (Ferri, 2011, p. 4).

Il Rapporto ISTAT 2012 ci dice che tra i 20 e i 24 anni il 58,6% dei ragazzi usa Internet tutti i giorni, il 92,8% la televisione, il 52,7% legge i giornali almeno una volta a settimana, il 51,2% legge abitualmente libri. La percentuale di utenti di siti web di quotidiani nel giorno medio è passata dal 38,3% del 2009 al 46,8% del 2011.

Il CENSIS dà delle percentuali leggermente più alte sul consumo di televisione, ma il dato è settimanale, indica cioè una frequenza d'uso di almeno una volta a settimana. Tra il 2002 e il 2012 la TV tiene, cresce molto Internet, cresce la radio, ma calano decisamente i giornali cartacei. Nel suo Rapporto più recente (CENSIS-UCSI, 2012) si sottolineano due cose: la chiave del successo dei vecchi media sta nell'integrazione nell'ambiente di Internet; in Rete aumenta il rischio del conformismo, perché la personalizzazione delle fonti di informazione – offerta tipica dei portali web – finisce per costruire «giornali composti solo dalle notizie che l'utente vuole conoscere» (ivi, p. 9).

Una ricerca del LARICA (Laboratorio di ricerca sulla comunicazione avanzata) dell'Università di Urbino che compara i dati italiani a quelli sugli Stati Uniti rilevati dall'americano Pew Research Center (Mazzoli, 2012) conferma la diffusione dell'uso della Rete tra i più giovani: nel 2012 nella fascia d'età 50-64 Internet viene usato dal 52% della popolazione (a fronte del 74% degli USA), mentre nella fascia 18-29 siamo al 95%, come gli americani.

La percentuale di utenti che usano la Rete come fonte di informazione sale dal 51 al 58% tra il 2011 e il 2012, e schizza al 95% nella fascia giovanile, con una percentuale alta (68%) che cerca notizie attraverso apparecchi mobili.

Come si diceva i media stanno reagendo, si stanno adeguando, stanno cercando di rispondere alla sfida. I grandi giornali propongono un'offerta che è sempre meno monolitica, le redazioni – cartacea e Internet – sono sempre più integrate, i giornalisti ormai lavorano sapendo di essere inseriti in un flusso multimediale, crossmediale. Il britannico "Guardian" ha più lettori all'estero che a casa, investe ormai circa l'80% delle risorse nell'online e punta molto sulla partecipazione della comunità dei lettori. Il "New York Times" ha totalmente integrato redazione cartacea e redazione online. D'altronde ha meno di un milione di acquirenti del cartaceo e 50 milioni di utenti unici mensili del sito. Ma è una tendenza internazionale: il quotidiano economico tedesco "Handelsblatt" lavora da anni sull'integrazione e, per quanto riguarda l'Italia, basterebbe leggere qualche passaggio del discorso del direttore del "Corriere della Sera", Ferruccio De Bortoli, alla sua redazione, nel maggio del 2012. In sostanza De Bortoli conferma che non esiste più il giornalista di sola carta stampata e non ha più senso dire di scrivere per la carta, per il web o per l'iPad: bisogna pensare che tutto è interconnesso.

Sono nati moltissimi giornali online o aggregatori di notizie, video, audio, e il seguito che riscuotono sembra crescente.

I grandi quotidiani anglosassoni hanno ormai tutti uno o più social media editor, giornalisti che si occupano di seguire le discussioni dei lettori attraverso i blog, Twitter, i social network. Facebook invia un enorme traffico ai quotidiani. Queste figure di pescatori nelle reti cominciano a essere introdotte anche dai nostri giornali: per fare un esempio, "La Stampa" ha il digital editor, il web editor e il social media editor.

Grazie a Internet e ai social media lo scambio di informazioni non è più un processo unilaterale, con i giornalisti che aggregano le notizie e le offrono ai lettori, ma una sorta di ecosistema in cui c'è uno scambio continuo tra giornalisti, lettori e ascoltatori, con le ultime due categorie che diventano sempre più produttrici di notizie (Bruno, Mastrolonardo, 2011). Non a caso si parla di *citizen journalism*, *prosumer*, *crowdsourcing* e *user generated content* (Flichy, 2011; Carotenuto, 2011). È sempre più intensa e bilaterale l'interazione tra produttori di notizie e internauti (Ryan, 2011).

L'aggettivo che ci pare nodale è *social*, la socializzazione, la connessione, la relazione. L'espressione più corretta è probabilmente quella di media partecipativi. I media, *in primis* i quotidiani, cercano sempre più di costruire una comunità in cui i ruoli siano meno fissi e definiti di ieri, con il fruitore che partecipa e costruisce il discorso pubblico, e una sfera pubblica che si fa sempre più densa.

Stanno indebolendosi le gerarchie che abbiamo conosciuto per decenni, l'online acquisisce prestigio, e diversi blogger sono diventati voci influenti del dibattito pubblico, fonti informative indispensabili. Nonostante una fase di vita difficile, proprio mentre scriviamo queste righe i blog letterari sono già diventati, almeno agli occhi di un giovane, ciò che i salotti letterari sono stati per secoli. Crediamo sia significativo il fatto che negli Stati Uniti nell'ultimo decennio abbiano chiuso diversi supplementi letterari cartacei e siano invece nate decine e decine di blog letterari.

Oggi i giornalisti non possono fare a meno di consultare blog e social network. Basterebbe ascoltare una mattina qualsiasi una cartina di tornasole come la trasmissione *Pagina3* su Radio3RAI, che è una rassegna stampa delle pagine culturali. Gli articoli segnalati, citati, suggeriti non sono più solo quelli classici della stampa cartacea, ma interventi online, post, pezzi di blogger.

Anche radio e televisione stanno conoscendo mutamenti profondi, basti pensare al podcast per la radio e alla crescita della visione non lineare attraverso i device più diversi per la TV. Argomenti, questi, che approfondiremo nel corso del volume.

È importante però sottolineare anche un altro aspetto. Il sistema cambia, evolverà, e tuttavia ci sono fragilità strutturali che renderanno i cambiamenti selettivi e in qualche caso crudeli. Il sisma digitale sta colpendo pesantemente i bilanci degli editori. La pubblicità online non ha ancora – complice la terribile crisi economica – sopperito ai cali della pubblicità tradizionale. Saremo maggiormente precisi più avanti. C'è stato inoltre un restringimento dei sussidi pubblici che ha provocato chiusure, cali della foliazione, migrazioni sul web, proteste. Nella primavera 2012 è stato approvato un decreto legge che riforma i contributi al settore dell'editoria. Rispetto a qualche anno fa i soldi sono di meno, ma i criteri di assegnazione sono più giusti: a partire dal 2014 si daranno fondi alle testate – ONLUS, non profit, cooperative, giornali di partito – in base a due criteri: le copie realmente vendute e l'occupazione giornalistica e tipografica. Sono previsti incentivi per le testate che intendono passare all'online.

I media, insomma, hanno sentito fortissimo in questi ultimi quattro anni il vento del tempo, i media in generale, e quindi il giornalismo tutto, incluso – e in modo significativo – il giornalismo culturale. Questo è un punto non marginale, perché se si va ad analizzare l'evoluzione del giornalismo in senso lato e quella del giornalismo culturale in particolare, ci pare che non sia errata l'affermazione che è questo secondo a cambiare di più. Il primo è ovviamente soggetto a mutamenti di forme, di mezzi e di fonti, ma è il secondo a sentire di più i rivolgimenti del mondo, perché è la cultura a essere lo specchio della società e dei suoi mutamenti. È un punto caro alla tradizione dei *cultural studies*, di cui ci occuperemo più avanti.

Anche l'editoria libraria è sopra vento. Persino più del giornalismo. L'editoria elettronica, con gli e-book e il self publishing, sta conoscendo un successo incontestabile, specie nel mercato più dinamico e anticipatore, quello anglosassone. Gli editori non possono fare a meno di essere molto attivi sulla rete; come vedremo più avanti, è un fenomeno che ha un ovvio effetto sull'informazione culturale.

Per concludere. Rispetto all'edizione precedente il lettore troverà una "manutenzione" e un'esplorazione, o meglio un tentativo di esplorazione. Manutenzione dei media – carta stampata, radio, televisione – che hanno conosciuto cambiamenti più o meno significativi. Esplorazione dell'ecosistema mediatico Internet, dove le cose mutano ogni giorno, dove cambiano i media tradizionali, dove l'evoluzione è continua, dove giornalisti, lettori, ascoltatori, spettatori e produttori assumono nuove vesti e nuove funzioni.

Una circolarità che impressiona, una partecipazione che colpisce.

Introduzione

Che cos'è il giornalismo culturale? Porsi questa domanda potrebbe sembrare ozioso, perché la risposta parrebbe semplice e immediata: è il giornalismo che si occupa di cultura, così come il giornalismo economico o sportivo si occupa di economia o di sport. Se anche si ammettesse che la cultura è un campo più difficilmente definibile dello sport o dell'economia, si potrebbe comunque fare riferimento, e quindi esaminare, quegli spazi e quei contenuti che nei quotidiani, nelle riviste, e anche sugli altri media, vengono esplicitamente definiti "informazione culturale". Purtroppo non è così, la risposta non è facile né univoca. Il punto che rende le cose complicate è che il termine "cultura" è tra i più complessi e polisemici dell'intero vocabolario; nel corso del Novecento è stato sottoposto a una sorta di costante radiografia e il suo significato è andato continuamente mutando, allargandosi in modo sensibile.

L'ambiguità del termine può essere colta da ciascuno di noi negli usi correnti, quotidiani del proprio linguaggio, e la stessa cosa avviene nell'universo giornalistico. Anzi, nei mass media la definizione di cultura sembra particolarmente sfuggente.

A dimostrarlo basterebbero il dibattito e le divisioni che ci sono stati e ci sono tuttora tra gli studiosi, ma anche l'incertezza e l'instabilità all'interno delle stesse redazioni giornalistiche. Se ad esempio consideriamo un'accezione larga del termine, potremmo dire che tutto è cultura. La cultura sta nel modo di impaginare il giornale, sta nel taglio dei pezzi, nel contenuto di una cronaca, nella struttura dei palinsesti radiofonici o televisivi, e potrebbe pertanto essere restrittivo limitarsi ad analizzare solo ciò che il quotidiano pubblica nelle pagine che portano in testata la parola cultura o solo le trasmissioni esplicitamente culturali. Non a caso una delle espressioni più ricorrenti nella recente letteratura sul tema è "cultura diffusa", che grosso modo sta a significare che i temi culturali non sono più un elemento da confinare in una parte del giornale, o in un inserto, ma sono tracimati in tutto il giornale. Pensiamo anche a quel che accade in televisione, un medium dove secondo i critici più avvertiti la cultura non sta tanto nei programmi sui libri, sovente inermi e incapaci di raggiungere il pubblico, ma piuttosto, come si diceva poco fa, nel modo in cui sono pensati i palinsesti, e in particolare nella forma e nei contenuti delle fiction, dei talk show, dei contenitori pomeridiani, dei reality. In fondo anche la frequente presenza sulle prime pagine dei quotidiani italiani di articoli di scrittori, filosofi e scienziati, che solitamente commentano i fatti più importanti del giorno ma talvolta escono dalla quotidianità, può essere inquadrata in questo argomentare: non è giornalismo culturale in senso stretto, ma compone lo scheletro culturale del giornale.

Il concetto di cultura ha conosciuto una profonda evoluzione soprattutto nel secondo dopoguerra, andando a interessare attività umane che solo qualche anno prima non venivano ritenute legittimate a far parte della famiglia dell'"arte" in senso tradizionale. In pochi decenni le società occidentali hanno vissuto una rivoluzione dei consumi che ha contribuito non poco a modificare contenuti e forme dell'informazione culturale. L'aumento del benessere e del tempo libero e lo sviluppo macroscopico dell'industria dell'intrattenimento hanno avuto l'effetto di un terremoto sulle abitudini delle persone. Sono cresciute moltissimo domanda e offerta di prodotti culturali, di prodotti che riguardano la sfera "estetica" degli individui.

A beneficiarne sono state in parte le arti classiche, alte, tradizionali, e in modo travolgente le attività un tempo ritenute popolari: cinema, televisione, musica leggera, teatro d'evasione. Si tratta di un mutamento sul quale l'attenzione degli intellettuali è stata massima; qualche anno fa è uscito un affresco di uno storico inglese su questo tema che ha una bibliografia di quasi cento pagine (Sassoon, 2008). Per il sistema mediatico ciò ha significato una crescita quasi esponenziale degli spazi dedicati alle attività che occupano gli uomini nel tempo libero, e ai protagonisti di questi universi. Parliamo delle pagine che si occupano di spettacolo e in particolare di televisione, ma più in generale del cosiddetto *showbusiness*. Tutto ciò ha avuto riflessi profondi anche per l'informazione culturale in senso più stretto, quella legata alla produzione artistica e intellettuale più tradizionale. In qualche caso spazi, recinti, differenze sono rimasti simili a quelli dell'inizio del secolo, in altri casi si è ristretto lo spazio dedicato alla cultura tradizionale, in altri ancora dominano commistioni e modelli ibridi. Queste oscillazioni, questi campi dai confini instabili trovano un riflesso nelle divisioni redazionali. Anche nel lontano passato capitava che le redazioni che si occupavano di questi temi fossero accorpate, unificate – ad esempio, cultura e spettacolo, società e cultura, cultura e scienza –, ma è una tendenza che si è sensibilmente accentuata nel tempo, specie nel mondo anglosassone. È anche cambiata la professione. Sulla stampa di qualche decennio fa il giornalista culturale svolgeva funzioni diverse: da un lato cronista culturale, dall'altro organizzatore delle pagine, che in gran parte si basavano sui contributi di collaboratori esterni al giornale, ovvero scrittori, intellettuali e artisti. Oggi si sono molto ampliati gli argomenti di cui si deve occupare e si è ridotto il ruolo dei critici. La figura del giornalista culturale si è fatta più elastica, e tende a perdere in specializzazione.

Non a caso è un campo in cui l'incertezza lessicale è forte, specie nell'universo giornalistico che ha anticipato molte tendenze degli ultimi decenni, quello anglosassone. Pensiamo a un'espressione come *literary journalism*: si va da chi lo limita ai libri – *to do with books* – a chi estende il concetto a varie espressioni artistiche. Stessa vaghezza con le professionalità. Per *arts editors* si intendono non solo i *literary editors*, ma anche gli *showbiz editors* e gli *entertainment editors.* Colpisce con quanta cautela si muovano gli studiosi anglosassoni quando si trovano a maneggiare questi concetti. Quando c'è da esaminare il settore culturale si comincia sempre dal problema delle definizioni e dei contenuti da includere nella ricerca. Che fare con la televisione? E la gastronomia? E i fumetti? Insomma, quando si parla di giornalismo culturale è bene sapere che ci si muove su un terreno friabile, soggetto a smottamenti. Nelle pagine che leggerete si cercherà di dare conto di questa complessità e di non limitare descrizioni e riflessioni all'informazione culturale in senso stretto. Ovviamente, però, quest'ultima sarà oggetto di un'attenzione particolare.

1. Nascita e primi passi: cenni storici

Come può intuire anche chi è nuovo a questi argomenti, non è possibile isolare la vicenda storica del giornalismo culturale da quella più generale del giornalismo. La complessa e talvolta travolgente evoluzione dei mass media ha avuto quasi sempre dirette ripercussioni sull'informazione culturale. Il giornalismo si trasforma per una pluralità di fattori, spesso strettamente connessi tra loro, e che in alcuni passaggi hanno la caratteristica di influenzarsi reciprocamente.
È capitato più volte che uno di essi abbia fatto da volano, da acceleratore per gli altri. Parliamo essenzialmente dei progressi tecnologici, delle trasformazioni sociali ed economiche della società, degli interventi normativi di chi governa i processi sociali. Il giornalismo culturale è parte di questi processi, e in qualche modo gode di uno statuto privilegiato, specie nei primi secoli del suo sviluppo. La trasmissione della cultura è stata per secoli un'area di competenza elitaria, è stata parte del campo di potere e di interesse delle classi dirigenti, e quindi ha potuto incrociare la maggior parte dei passaggi chiave di quest'evoluzione. Come è ovvio, in questa sede non seguiremo il percorso storico di oltre cinque secoli e mezzo di stampa, cercheremo però di dare conto di alcuni passaggi che vengono ritenuti non eludibili, provando a raccontare che ruolo abbiano avuto per il giornalismo culturale.

1.1. Le origini: le gazzette letterarie

Nel mondo occidentale l'informazione culturale comincia ad avere una circolazione degna di attenzione nel Settecento, ma le origini vere e proprie sono tardoseicentesche.
È vero che un primo incremento della circolazione di prodotti che oggi definiremmo culturali si era già avuto nella seconda metà del Quattrocento, grazie a Gutenberg e alla stampa. In Europa si passò in cinquant'anni da 30.000 manoscritti a 10 milioni di libri. Accanto ai libri, soprattutto sacri, parte del patrimonio di conoscenze di piccoli

gruppi sociali, si erano cominciati a diffondere prodotti più popolari: romanzi cavallereschi, vite di santi, opuscoli con leggende e folklore, almanacchi. Siamo già nell'ordine delle migliaia di copie (milioni nel caso degli almanacchi), ma si è ancora in una fase di produzione culturale, anche popolare, e sarebbe improprio parlare di una diffusione giornalistica. Nella prima metà del Seicento nei principali paesi europei, inclusi gli Stati italiani, si assiste ai primi passi di periodici di natura varia, soprattutto di informazioni generali e notizie dall'estero, e poi fatti d'attualità, cronaca, opinione. Con illustrazioni. Sono strumenti funzionali alla borghesia commerciale, che ha bisogno di informazioni, e non a caso si sviluppano specialmente nelle città commerciali. In alcune aree geografiche, in particolare in Inghilterra, è un'epoca di grande produzione di pamphlet e giornali.

Qualche decennio dopo arrivano i primi prodotti di informazione culturale, di cultura generale e filosofia, che possono essere considerati i progenitori dell'odierno giornalismo culturale: in Germania nel 1663 il "Monatsgesprache", in Francia e in Inghilterra nel 1665 il "Journal des Sçavants", le "Nouvelles de la République des Lettres" e le "Philosophical Transactions of the Royal Society", a Roma nel 1668 il "Giornale de' Letterati" e via via vari organi nei diversi paesi europei. Sono periodici paragonabili – con le ovvie differenze – alle riviste letterarie di oggi. Il "Giornale de' Letterati", recita il frontespizio, «riferisce i titoli dei libri nuovi, e fa di quelli un ristretto, portando qualche cosa delle più singolari, che siano in essi [...] e poi curiosità, esperimenti». Svolgono insomma un'oggettiva funzione di diffusione di notizie e idee, ma occorre tenere presente che agli albori della stampa la diffusione incontrava vari limiti: struttura sociale, censura, macchinari (questi ultimi erano in grado di riprodurre un numero limitato di copie). Sino alla fine del XVII secolo la possibilità di avere tempo libero e la capacità di leggere e scrivere furono un privilegio di studiosi e pochi "gentiluomini": l'ambito di circolazione era inevitabilmente piuttosto ristretto. Le maglie della censura, infine, mutavano spesso, le conquiste erano sempre temporanee, bastava un'autorità restauratrice dell'antico ordine per restringere le libertà.

L'evoluzione dell'informazione culturale procedeva come un sasso nello stagno, con onde che si allargavano progressivamente, figlie di diversi fattori: sociali, economici, tecnologici e ovviamente culturali. Nel giro di pochi decenni la cerchia dei lettori cominciò ad ampliarsi, economia e struttura sociale conobbero progressi, ed entrarono nel "mercato" della lettura, almeno in parte, due categorie sino ad allora ad esso abbastanza estranee: il ceto medio dei mercanti e le donne. Il Settecento fu il secolo dei primi best-seller in senso moderno.

1.2. Settecento e Ottocento: lo sviluppo

Come insegnano gli storici, le divisioni per secoli sono sovente semplici convenzioni, così come c'è spesso disaccordo sulle periodizzazioni. È un concetto che vale anche per l'evoluzione del giornalismo culturale, che è un'evoluzione graduale, senza passaggi bruschi. Se è dunque vero che già nel Seicento in diversi paesi europei vi erano giornali letterari che davano conto dei libri che uscivano, è comunque nel secolo successivo che gazzette, riviste e giornali diventano generosi contenitori di scritti letterari, recensioni e, non di rado, interventi che oggi definiremmo di analisi e di polemica culturale. In linea generale nel Settecento e nell'Ottocento furono le riviste i veicoli migliori per la diffusione delle idee, con percorsi piuttosto simili nei vari Stati europei, inclusi i diversi Stati italiani preunitari. Tra l'altro cominciano ad acquistare forza anche i giornali locali, segno della diffusione del fenomeno. Una delle più convincenti descrizioni di quel mondo, di ciò che rappresentò per lo sviluppo della società e per la circolazione delle idee, si trova in un celebre saggio del 1962 del filosofo e sociologo tedesco Jürgen Habermas, *Storia e critica dell'opinione pubblica* (Habermas, 2002), che racconta genesi e sviluppo dell'opinione pubblica in Occidente. La sua analisi si sofferma su Inghilterra, Francia e Germania, ma è applicabile anche alla maggior parte degli Stati italiani. Habermas descrive la progressiva rottura dei ristretti argini della "Repubblica delle Lettere", figlia delle corti aristocratiche, delle università, delle chiese, e la formazione di una sfera pubblica letteraria che diviene fondamentale per lo sviluppo di quella politica, proprio perché le discussioni acquistano sempre più una dimensione pubblica, di interesse collettivo, anche di contrapposizione tra una classe sociale in ascesa, la borghesia, e l'assolutismo con i suoi vincoli.

Artefice di questa trasformazione è appunto la borghesia, con quei gruppi di privati che si riuniscono in luoghi aperti al pubblico – caffè, pub, teatri – o parzialmente aperti – i salotti – e lì scambiano idee e informazioni in modo razionale e critico, discutono di ciò che viene pubblicato sugli organi di stampa di cui abbiamo parlato – riviste e giornali sia commerciali sia letterari. Tutto ciò è particolarmente evidente in Francia, in cui è decisiva la funzione che svolsero i salotti e le conversazioni che, da cerchie prevalentemente nobiliari e molto elitarie nel XVII secolo, si diffusero e modificarono nel secolo successivo, così da formare appunto un primo nucleo di opinione pubblica e da assumere con l'avvento dei Lumi una funzione più progressista (Craveri, 2001). È quasi inutile ricordare il peso che ebbero club, caffè e associazioni nella genesi della Rivoluzione.

Se la natura dell'informazione culturale è simile, vi sono però differenze anche notevoli in termini di penetrazione e influenza sulla società civile, dovute principalmente alla diversa natura e al diverso peso della borghesia intellettuale, ma anche al ruolo della censura, che in alcuni grandi paesi europei, con vicende ondivaghe, ha allungato le sue grinfie sino al tardo Ottocento. Fondamentale, poi, è il tipo di regime in cui la stampa si trova a vivere, e in questo senso i paesi anglosassoni, più liberali e riformisti, hanno creato un ambiente più favorevole al suo sviluppo (Briggs, Burke, 2007). Oltre a essere più libere, la stampa inglese, quella scozzese e quella americana erano anche più disinvolte, più orientate al commercio di quanto lo fosse la stampa continentale; c'erano già allora le differenze di fondo che ancora oggi contraddistinguono i due modelli. La stampa anglosassone era meno dipendente da ricchi e potenti patroni, è stata creatrice di un nuovo tipo di consumatore, più popolare, preindustriale (Newbury, 2012).

Non è un caso che Voltaire provasse un certo fastidio per la stampa inglese, che definiva indecente e leggera. In realtà la stampa anglosassone era piuttosto versatile, c'erano cioè sia prodotti orientati al gusto popolare sia diverse riviste per le élite colte, con racconti e poesie, brevi saggi, articoli di commento all'attualità. Anzi, periodici generici, oggi li definiremmo d'opinione, come gli inglesi "Spectator" e "Tatler", ebbero un'influenza enorme su tutta la stampa occidentale. E i magazine inglesi e scozzesi di fine Settecento possono essere considerati i capostipiti delle recensioni delle novità librarie e della critica teatrale e musicale. All'inizio del Settecento a Londra si pubblicavano 20 quotidiani con tirature annue di 2,5 milioni di copie, nel 1770 12 milioni. Nel 1800 c'erano 250 periodici.

La stampa francese diventa comparabile per libertà a quella inglese solo dopo la Rivoluzione, e quella tedesca e quella italiana ancora più tardi e solo negli Stati più illuminati. In generale nell'Ottocento la libertà di stampa procede di pari passo con il tipo di regime politico.

1.3. Il giornalismo industriale

Non è sbagliato dire che sino all'avvento di Internet la stampa, nonostante macroscopici cambiamenti, resta ancorata allo stesso principio meccanico. È solo una questione di evoluzione delle macchine che permettono di aumentare il numero delle copie. All'interno di questo percorso un momento chiave cade nella seconda metà dell'Ottocento, quando una serie di innovazioni tecniche realizzate nei decenni precedenti si condensa, grazie a circostanze propizie, in mutamenti che non è retorico definire epocali. Ricordiamo che la macchina a vapore è di fine Settecento, le prime locomotive e i primi telegrafi dell'inizio dell'Ottocento. Anche la stampa è rivoluzionata dai progressi tecnologici: la macchina per la fabbricazione della carta, del 1798, la stereotipia e il torchio in metallo, e poi la macchina da stampa Koenig, del 1814, che utilizza il vapore e sostituisce il vecchio torchio con il cilindro, e permette finalmente di stampare migliaia di fogli al giorno. Da allora e per i decenni successivi, grazie soprattutto alle capacità industriali e di innovazione di tedeschi e anglosassoni e alla domanda crescente del mercato, ovviamente stimolato dall'offerta, i miglioramenti furono per così dire inesorabili. I giornali vennero definiti locomotive sociali. Quello che accade nei decenni in questione è quasi il modello perfetto di come vari fattori – in questo caso progresso tecnico, istruzione obbligatoria e organizzazione più razionale – si influenzino a vicenda, tanto che non è semplice attribuire primati e meriti.

Il primo fattore da considerare è quello tecnico: la meccanizzazione ci dà gli strumenti di cui abbiamo parlato poco fa. A stimolarlo ci sono

però le mutate condizioni di mercato, a loro volta influenzate da profonde trasformazioni della struttura sociale, che spesso sono figlie di atti politici. Pensiamo a quel che accade in Inghilterra, dove a stimolare la produzione e il consumo di giornali furono proprio questi ultimi. Negli anni cinquanta dell'Ottocento vennero abolite la tassa sulla pubblicità, il bollo per i giornali e la tassa sulla carta.
Provvedimenti che ebbero come conseguenza l'aumento del numero dei giornali e la sostituzione del torchio azionato a mano con la macchina piano-cilindrica. Pensiamo inoltre alle conseguenze enormi che ebbero le leggi sull'istruzione, che si diffusero in tutta Europa e diedero vita a intere generazioni di nuovi lettori, affamati tra le altre cose di riviste e giornali popolari. Sono processi che, anche se con qualche differenza cronologica, interessano quasi tutti i paesi occidentali, anche perché è un'epoca in cui idee e innovazioni circolano con grande rapidità; forti e percepibili sono l'influenza e l'imitazione reciproca, e colpisce come certi fenomeni si ritrovino un po' ovunque.
Vedremo più avanti in Italia e Inghilterra; in Francia la stampa di massa decolla all'inizio degli anni ottanta e nel 1890 il "Petit Parisien" si vanta di essere il primo quotidiano popolare europeo a superare il milione di copie. Gli Stati Uniti fanno da apripista. Laddove nel Seicento e nel Settecento vengono seguite le orme inglesi, e quindi abbiamo riviste d'opinione, giornali di supporto politico, qualche pubblicazione *omnibus*, complessivamente una grande vitalità – nel 1800 vi erano 178 settimanali e 24 quotidiani –, nell'Ottocento sono gli americani a inaugurare il passaggio al giornalismo moderno, che dallo stretto rivo della letteratura e della politica sfocia nel mare del business.
Sono la storia e la struttura del paese a determinare un percorso diverso. Qui il giornalismo diviene il prodotto di una democrazia di massa, figlia dell'immigrazione, e quindi è quasi obbligato a usare un linguaggio piano, accessibile; c'è insomma un approccio decisamente più egualitario. Un giornalismo che troverà tra l'altro un sistema di tassazione molto meno severo che in Europa. Nel 1833 il "New York Sun" di Benjamin Day inaugura la stagione della *penny press*, la stampa economica e popolare: c'è un miglioramento della distribuzione, si passa dagli abbonamenti alla vendita nelle strade, le tirature in breve superano le 50.000 copie. È la scoperta del pubblico di massa,

sono i primi passi del giornalismo professionale e della concorrenza giornalistica (Papuzzi, 2010). Qui nasce il cosiddetto *yellow journalism*, con le foto scioccanti e gli scandali: nella seconda metà dell'Ottocento il Midwest – "Chicago Times", "Kansas City Star" – diventa la patria del sensazionalismo, e soprattutto qui viene per la prima volta usato – dal "New York Tribune" – lo strumento più rivoluzionario di tutti: la linotype, una macchina per la composizione automatica che si getta dietro le spalle la composizione manuale e permette di stampare 50.000 copie in un'ora, vero motore della trasformazione del giornale in un prodotto di massa. Gli americani sono abilissimi nello sfruttare la tecnologia per modificare in modo sostanziale il giornale. Grazie ai miglioramenti tecnici i quotidiani possono ospitare molte fotografie, caricature e fumetti, e la domenica cominciare a rimpolparsi con i supplementi. Si apre l'epoca dei grandi magnati della stampa, che costruiscono stabilimenti giganteschi con le macchine per la stampa in rotativa e la composizione meccanica. Anche in Gran Bretagna, che veniva da un secolo molto variegato e vivace dal punto di vista editoriale, cominciano a dilagare i giornali popolari, il "News of the World", classe 1843 (chiuso nel luglio 2011 dal proprietario Rupert Murdoch a seguito di una serie di scandali), o il "Daily Mail" (1896), che non avevano molto da invidiare ai tabloid di oggi in termini di pruriginosità e titillamenti, sesso e crimine. Erano giornali molto diffusi (agli inizi del Novecento in Gran Bretagna si stampavano oltre tre milioni di copie al giorno), figli di quell'insieme di elementi cui si è accennato: rivoluzione tecnologica, inurbamento e nascita della *middle class* e del *working-class reader*, ovvero accesso delle masse alla lettura. Insomma, prodotti industriali di massa.

Cosa c'entra tutto ciò con l'informazione culturale? Molto, anche se si tratta di processi e influenze spesso sotterranei e di lungo periodo. Il crescente orientamento al mercato dei prodotti editoriali modifica in modo profondo l'offerta della stampa, con conseguenze inevitabili anche sulle pagine culturali. A determinare inoltre una delle grandi mutazioni del Novecento, quella della gerarchia delle forme culturali nonché del significato della parola cultura, sono anche i mezzi di comunicazione di massa; è quindi importante conoscerne a grandi linee l'evoluzione.

Se questa è la cornice generale, cosa accade più in particolare in Italia? Subito dopo l'Unità (1861) ci fu un momento di proliferazione dei quotidiani, ma per molti si trattò di una stagione breve. Le vendite erano scarse, e la dipendenza dalle sovvenzioni politiche – problema di lungo corso della stampa italiana – molto forte. Diversi giornali erano sovvenzionati dal ministero dell'Interno, altri da banche.

Nella maggior parte dei casi lo stile era alto, la lingua letteraria, gli autori spesso letterati e avvocati. Non mancavano esempi di quotidiani – "Il Pungolo", "La Perseveranza" – che nella cronaca puntavano sulle tinte forti, ma in generale la nostra stampa accumula un sensibile ritardo nello sviluppo di un giornalismo di consumo, di intrattenimento, di massa. Anche l'evoluzione del giornalismo nostrano dipenderà dalla crescente attenzione ai gusti del lettore e dall'impiego di nuovi macchinari e dal conseguente aumento delle copie circolanti.

Grazie a entrambi i fattori, all'inizio del XX secolo tre testate superano le 100.000 copie: "Corriere della Sera", "Secolo" – che pubblica con grande successo moltissimi feuilleton – e "Tribuna". Il "Corriere della Sera" poco prima della Grande Guerra tocca quota 350.000 copie e durante tira spesso 600.000 copie. "La Stampa", la "Gazzetta del Popolo" e "il Resto del Carlino" veleggiano tra le 150.000 e le 200.000 copie, l'"Avanti!" sta sulle 400.000. Durante gli anni trenta "La Stampa" e "Il Popolo" si attestano sopra le 300.000 copie. All'epoca anche "L'Osservatore Romano" era un quotidiano di larga diffusione: negli anni trenta superò spesso le 250.000 copie.

Se l'immagine più realistica degli anni trenta è quella di una spaventosa mordacchia, va anche detto che per la stampa italiana fu un periodo di modernizzazione. Aumentano le fotografie, le corrispondenze dall'estero, fioriscono i periodici femminili, le riviste per ragazzi, i fumetti, che arrivano a vendere 1.650.000 copie a settimana. C'è una sorta di anticipazione – in questo caso dovuta a ragioni politiche – di quello che avverrà con la società del benessere, crescono molto le pagine legate alle attività del tempo libero. Vengono lanciate iniziative, quali gli inserti settimanali pensati per categorie (ad es. la "Gazzetta del Popolo" con la moda, la radio, l'arte, il teatro, il cinema), che si tenderebbe a immaginare come figlie del secondo dopoguerra. Ma fermiamoci qua, perché il giornalismo culturale italiano merita un capitolo a parte.

2. Il Novecento e il primato italiano

Il nostro paese ha un ruolo importante nella storia del giornalismo culturale. L'affermazione potrebbe sembrare enfatica, ma cercheremo di motivarla. In ogni caso, se proprio non si vuole sopravvalutarne l'importanza, occorre almeno dire che i nostri quotidiani hanno avuto un itinerario in qualche modo originale, che ha influenzato non poco il giornalismo cosiddetto latino. Se dal XVII al XIX secolo i giornali degli Stati italiani e poi dello Stato unitario hanno caratteristiche comparabili a quelli del panorama europeo, all'alba del XX secolo c'è una tappa, un mutamento che ci porta a distinguerci: il 10 dicembre 1901 nasce la Terza pagina. Un evento che avrà conseguenze di grande rilevanza per la storia del nostro giornalismo.

2.1. 1901: la nascita della Terza pagina

La Terza pagina dunque, come nucleo, motore del cambiamento, è un'invenzione nostrana, e come si diceva ha anche una data di nascita, il 10 dicembre 1901. Storici e giornalisti, con poche eccezioni, concordano su questo primato. La circostanza è la prima di uno spettacolo teatrale – *Francesca da Rimini* di Gabriele D'Annunzio –, la novità è che l'intera terza pagina del "Giornale d'Italia", diretto da Alberto Bergamini, è dedicata a questa prima teatrale. Vengono inviati tre cronisti e un critico, il direttore parla di un evento «di non minore importanza di un discorso dell'on. Giolitti ai suoi elettori di Dronero, o di una crisi ministeriale, o di un concitato congresso socialista». Da quel giorno diventa lo spazio offerto alla critica letteraria, alle novelle, ai reportage, alle cronache di viaggio, alle notizie culturali (Falqui, 1953; Benvenuto, 2002; Pischedda, 2012). Indubbiamente c'è un elemento di novità: per la prima volta alla cultura viene dedicato uno spazio fisso e di notevole importanza nella struttura del quotidiano. Non va sottovalutato lo spazio di una pagina. Il quotidiano diretto da Bergamini ne aveva in tutto sei, massimo otto.

Sino a quel momento la cultura occupava talvolta il cosiddetto articolo di risvolto, che stava nella sesta colonna di prima pagina e girava spesso in seconda, oppure le colonne d'apertura della terza.
Nei nostri giornali (ma vale per tutta Europa) le informazioni culturali – notizie teatrali e musicali, segnalazioni di romanzi o esposizioni, pezzi di romanzi a puntate – erano parte dell'affastellata massa delle notizie quotidiane; era un giornale densissimo, che oggi ci sembrerebbe illeggibile. Complessivamente lo spazio dedicato alle informazioni culturali era comunque ragguardevole, considerato che i quotidiani avevano dimensioni molto modeste, quasi sempre quattro pagine, con spesso un'intera pagina di pubblicità. Uno spazio ragguardevole e trasversale, nel senso che anche giornali locali contenevano informazioni culturali (Villa, in Farinelli *et al.*, 1997).
"Il Giornale d'Italia" verrà presto seguito dagli altri quotidiani. Nel 1905 dal "Corriere della Sera", diretto da Luigi Albertini, che chiamò a scrivervi alcuni dei letterati più importanti dell'epoca: Ojetti, Pancrazi, D'Annunzio, Deledda, Negri, Verga, De Roberto, e anche scrittori popolarissimi, autori di bestseller di inizio Novecento, come Guido da Verona e Luciano Zuccoli. La Terza del "Corriere della Sera" ebbe sin dall'inizio natura eclettica, meno accademica di quella del "Giornale d'Italia", con cronaca leggera e molti reportage di viaggio dei grandi inviati, tra cui Barzini e Simoni. Ancora più aperto "il Resto del Carlino" di Mario Missiroli, che puntò su giovani letterati, spesso estrosi e polemici: Papini, Prezzolini, Soffici, Saba, Alvaro. Stessa linea – giovani, nuove tendenze – per "La Stampa". A destra seguirono "L'Idea Nazionale" e "Il Tempo", nel 1908 i quotidiani di area cattolica, "Corriere d'Italia", "L'Avvenire d'Italia", "Il Messaggero Toscano", "Corriere di Sicilia" e "Unione".

2.2. Natura ed evoluzione della Terza pagina

Dopo un inizio comprensibilmente incerto, con una sorta di navigazione a vista e una discreta varietà nei contenuti, la Terza si stabilizzò comunque su rotte culturali piuttosto alte. Dalle incertezze, dagli sperimentalismi degli esordi si virò verso un tono generale molto serio, con una scelta di temi anche piuttosto complessi. Al "Giornale d'Italia" cominciarono a collaborare alcuni degli scrittori e degli studiosi più importanti dell'epoca: Cecchi, Croce, Gnoli, Capuana, Pirandello, Fogazzaro, Alessandro d'Ancona, Francesco d'Ovidio, Pareto e Pantaloni come economisti, Pigorini come storico e archeologo, e anche politici in veste di letterati come Sonnino e Salandra. Ovviamente il linguaggio e lo stile erano molto diversi da quelli di oggi ed erano tra l'altro oggetto di discussioni che sempre accompagneranno le pagine culturali. C'era chi lamentava l'aulicità, la distanza dalla lingua comune, e chi invece parlava di lingua antiaccademica, svelta.

L'elzeviro

Cuore, simbolo stesso della Terza è stato l'elzeviro, articolo di spalla sinistra riconoscibile dal particolare carattere tipografico (Elzevier), di origine olandese. Per decenni si è dibattuto sulla sua natura e sui suoi limiti. È un articolo di argomento vario, letterario, artistico, storico, ma può essere un raccontino, un sogno, un divertimento. Di solito viene affidato a penne raffinate. Dell'elzeviro sono state date anche definizioni molto sarcastiche: prosetta lirica, natura morta, gioco d'umori, capriccio divagatorio, ghiribizzo, multiforme epifenomeno dell'inutilità, nulla confesso e programmatico (Ajello, 1974, p. 4). Elemento chiave dell'elzeviro è in effetti un labile rapporto con l'attualità. Le ragioni di questa atemporalità sono diverse. L'epoca d'oro dell'elzeviro fu probabilmente il fascismo, e quell'astrazione, quella lontananza dalla realtà sono state lette in modi contrapposti: come qualunquismo, acquiescenza e irresponsabile distacco, ma anche come orgogliosa rivendicazione di una libertà dalla politica, di nicchia sprezzantemente estranea che nello stile riconosceva la propria autonomia. Nell'elzeviro trovò la sua forma ideale la prosa d'arte, che della storia del nostro Novecento è capitolo significativo. I suoi massimi esponenti furono i protagonisti della stagione della Ronda (1919-25), che dello stile fecero una bandiera. Cominciò a decadere a partire dagli anni sessanta e in qualche modo il suo declino anticipò quello della Terza tradizionale. Tutt'oggi qualche quotidiano – incluso il "Corriere della Sera" – conserva il termine nella testata del pezzo, e tuttora alcuni articoli ricordano le divagazioni di decenni fa, impressioni molto personali di firme celebri. E tuttavia il genere è ormai diventato assai marginale.

Era una pagina, come si è accennato, che ospitava materiale diverso, cronache di spettacoli, articoli di varietà, poesie, molte corrispondenze e fotografie dall'estero, specie dalle colonie, un genere che prosperò durante il fascismo. Oggi colpirebbe il lettore la quantità di fotografie, immagini di sculture, quadri, edifici, ma bisogna ricordare che non c'era la TV, e viaggiavano in pochi.

La struttura per così dire classica prevedeva l'elzeviro, il taglio di centro (spesso una corrispondenza di viaggio), la spalla (che toccava temi di cultura varia, informazione culturale, una polemica, una curiosità storica o scientifica), il taglietto (una spigolatura della realtà culturale minore) e poi un riempitivo con rubriche e talvolta il resoconto di uno spettacolo. La Terza divenne presto un luogo dove letteratura e giornalismo instaurarono un rapporto tutto particolare, forse unico nel panorama della stampa internazionale (Papuzzi, 1998, p. 11). In Italia più che altrove, letteratura e cultura hanno trovato nei quotidiani una dimora generosa, e i giornali italiani sono stati tra i più ospitali del mondo con scrittori e letterati.

2.3. La crisi della Terza pagina

Per tutta la prima metà del Novecento la Terza è stata il prestigio, il lustro del giornale. Quando nel 1931 Luigi Barzini, direttore del "Mattino" di Napoli, provò, sulla scorta delle esperienze anglosassoni, a modernizzare il quotidiano e modificare la Terza, fu sostanzialmente travolto dalle polemiche. Nel secondo dopoguerra, tuttavia, le cose cominciarono a cambiare, e si aprirono le discussioni sulla sua funzione, si iniziò a parlare di tramonto, in qualche caso di agonia (Ferretti, Guerriero, 2010).

In realtà, se si esaminano le analisi e i giudizi sulla Terza durante tutto il Novecento, si nota non un'evoluzione lineare ma una sorta di ciclicità. Certi giudizi, certi sostantivi o aggettivi si ritrovano periodicamente: morte, agonia, cattiva salute, rinascita, sopravvivenza.

C'erano quotidiani che titolavano "Addio Terza" già negli anni cinquanta, noti letterati che ne lamentavano l'abbassamento culturale, ma si può andare più indietro, alle critiche di Edoardo Scarfoglio nei con-

fronti del "Fanfulla", che definiva un quotidiano vago, aereo, o a testi di fine Ottocento in cui si possono leggere gli stessi appunti rivolti agli articoli di cultura. Non molto diverso il dibattito negli anni sessanta e settanta del Novecento: anche lì si andava dai rimpianti di Carlo Bo, che definiva la Terza del dopoguerra «strana creatura di compromesso e cattivo gusto», figlia dell'americanismo, con le schede sui libri e le brevi recensioni per il lettore frettoloso, a Moravia che sosteneva che essa era stata seppellita dai rotocalchi, alla serie di inchieste giornalistiche sulla sua salute negli anni sessanta. Anche negli ultimi venti-trent'anni la Terza pagina, o per meglio dire le pagine culturali, sono state oggetto di attenzioni, contestazioni, dibattiti, forum. Scremati dal tempo che è passato, ovvero dalle ovvie trasformazioni di forma e contenuto, le analisi e i lamenti non sono così distanti dalle contrapposizioni dei decenni precedenti. Tanto è vero che nonostante le mutazioni a cui si è accennato e che verranno descritte meglio più avanti, è azzardato parlare di prodotti diversi tra una Terza di inizio Novecento e una Terza, o una pagina culturale, di oggi. Non esiste più la Terza del ventennio, con l'elzeviro altissimo e senza tempo, ma persino quella Terza ha elementi in comune con le pagine culturali attuali. Enrico Falqui, lo studioso che ormai più di mezzo secolo fa ha dedicato alla Terza grandi attenzioni e coriacee difese, l'ha paragonata a una proteiforme fenice, che si è modificata nel tempo, ha conosciuto momenti di buio e grandi vette. È sbagliato – diceva – ritenerla sempre eguale a sé stessa e pensarla avulsa dal contesto storico e sociale, una specie di oasi separata dalla realtà di cui parla il resto del quotidiano (Falqui, 1969).
Un punto spesso trascurato è che a costruire il dibattito sulla vita e la contestata morte della Terza è stata un'oggettiva contrapposizione tra giornalisti e letterati. Guido Piovene – che è stato entrambe le cose – definiva la Terza una mediazione tra giornalisti e scrittori. I giornalisti sono stati da sempre, e in particolare dal secondo dopoguerra in poi, i fustigatori dell'evanescenza, della letterarietà eccessiva delle Terze, mentre i letterati sono stati nella larga parte dei casi nostalgici del tempo che fu, con un costante lamento per la grandezza passata e l'astio verso il corrente chiacchiericcio giornalistico e le esigenze mercantili. Se vogliamo poi allargare ulteriormente la prospettiva, questi attriti sono ancora più antichi: le discussioni sul ruolo del giornalismo lette-

rario e sui compiti dei giornalisti sono almeno settecentesche e per certi versi molto simili a quelle di due secoli dopo. Certi argomenti – funzione critica o funzione informativa, contenuto cifrato o pedagogico, cerchia chiusa o aperta – sembrerebbero sempreverdi (Piccioni, 1894). Crediamo occorra insistere sulla natura composita ed eclettica delle nostre pagine culturali. Sin dagli esordi, dai primi anni del XX secolo, la cultura può volare verso astrazioni lunari, ma anche seguire, dare conto della cronaca culturale, come hanno sempre fatto – lo vedremo più avanti – gli anglosassoni. La differenza è che in Italia non ci si è mai voluti limitare alla pura e semplice cronaca culturale, e le pagine culturali sono state da sempre lo spazio per il confronto, le discussioni, i sassi nello stagno, le provocazioni. Si è cercato sin dalle origini il contatto tra cultura, società e politica, anche in questo caso con una sorta di movimento carsico, che può inabissarsi ma che comunque fa parte della natura del nostro giornalismo culturale. Basterebbe sfogliare le Terze del "Popolo d'Italia" durante gli anni trenta, organo governativo, se mai ce n'è stato uno. Sono ovviamente pagine aeree e mai graffianti, ma meno letterarie di quel che ci si aspetterebbe: il genere presente è misto, con articoli di "società", di economia, riflessioni su problemi politico-economici di paesi lontani, turismo e salute, reportage acutissimi di inviati-scrittori, da Barzini a Montanelli, a Moravia. Lo stesso elzeviro, quand'anche innocuo o siderale, è un luogo dove diversi campi e diversi sguardi si incontrano.
Certo, la letterarietà è sempre stata forte, la parola scritta centrale, ed è una letterarietà che ha comunque pesato nell'evoluzione delle nostre pagine culturali, ma potremmo dire lo stesso, più in generale, del giornalismo italiano, che per decenni ha mostrato una certa soggezione verso le belle lettere, con un uso della lingua spesso aereo, ricercato, retorico, una tendenza a una concezione estetica più che fattuale della notizia, un inestirpabile calligrafismo (Dardano, 1973, p. 272).
Si diceva delle riflessioni che hanno sempre accompagnato la Terza pagina e più in generale il giornalismo culturale italiano; tra di esse meritano di essere riportate le interpretazioni di natura sociologica, che tendono a convergere su una spiegazione: la Terza è stata il segno della nostra arretratezza culturale. In mondi culturalmente più sviluppati gli scrittori non hanno avuto bisogno di appoggiarsi ai quotidia-

ni e produrre elzeviri perché di scrittura si riusciva a vivere, grazie ai libri venduti e soprattutto grazie alle riviste letterarie, dalla dignitosa diffusione. In altre parole, in un paese in cui la gente legge libri e riviste culturali, non c'è bisogno di elzeviri e letteratura nei giornali. È un punto caro a Guido Piovene, ma in fondo lo stesso Antonio Gramsci teneva questa rotta: il giornale italiano, che peraltro reputava ben fatto, è figlio della vita culturale del paese; manca una vasta letteratura di divulgazione; il lettore nel giornale vuol trovare tutto. È una lettura condivisibile solo in parte, perché l'Italia non è stata certo l'unico paese in cui gli articoli sui quotidiani aiutavano a sbarcare il lunario. Non solo. Al di là delle interpretazioni, in questo caso vanno giudicati gli esiti, ed è innegabile che elzeviri e Terze abbiano comunque svolto una funzione di diffusione culturale non secondaria, facendo conoscere a una cerchia ampia alcune delle penne migliori del Novecento italiano, che hanno frequentato i giornali quasi sempre senza attenuare il rigore di studiosi. L'interrogativo interessante è: quanti lettori di elzeviri erano anche lettori di libri e riviste? Se si vanno a rintracciare i dati sulla lettura dell'epoca, si scopre che nel 1912 in Gran Bretagna e Italia si pubblica più o meno lo stesso numero di libri, attorno ai 12.000 (Forgacs, 2000). Nel 1937-39 non sarà più così: in Gran Bretagna 16.000, in Italia poco più di 10.000. Nel 1954 in Gran Bretagna 19.000 e in Italia meno di 10.000 (Sassoon, 2008, p. 998).

Da non trascurare l'osservazione di un acuto intellettuale del nostro Novecento, Nicola Chiaromonte, che lega l'elzeviro alla struttura sociale, specie del Mezzogiorno italiano. L'elzevirista parla a un ceto di lettori ristretto e orgoglioso della letterarietà dell'articolo, il fiore all'occhiello del giornale, il pezzo di cui discuteranno le migliaia di notabili laureati in materie umanistiche. È in definitiva una questione di status e codici linguistici, che accompagnerà sempre, sino a oggi, le nostre pagine culturali. Esse hanno alcune caratteristiche – mutevolezza, eclettismo, apertura alla società, letterarietà – che sembrerebbero difficilmente conciliabili ma che invece sono tutte presenti, con maggiore o minore intensità, a seconda dei periodi, nella lunga storia del nostro giornalismo. Ciò che merita insistenza è che la letterarietà non ha impedito la permeabilità al mondo esterno, nel senso che anche nelle Terze di ieri hanno convissuto cesellati elzeviri atem-

porali e notizie e riflessioni, anche provocatorie, su temi d'attualità. È probabilmente scontato aggiungere che l'apertura, la permeabilità delle pagine culturali sono dipese molto dal contesto esterno. Le fasi di maggiore letterarietà hanno spesso coinciso con quelle di "riflusso" della società. Basterebbe sfogliare le Terze degli anni settanta, durante l'età dei movimenti, degli studenti, dell'impegno politico: reportage di Tiziano Terzani dal Vietnam, analisi dei consorzi agrari di Vittorio Emiliani, riflessioni sulla cogestione delle imprese, interviste sulle cosiddette toghe scomode, analisi del rapporto tra emarginazione e criminalità, spazio aperto ai dibattiti e ai reportage dall'estero, inchieste sulla condizione sanitaria, criminale, giovanile.
Questa dinamica ci pare trovare conferma nelle pagine culturali degli anni ottanta, che sembrano quasi quelle di un ritorno all'ordine, specchio del riflusso in corso nel paese. Sembra ci sia un filo rosso che percorre comunque tutta la nostra storia e che negli ultimi anni è stato esplicitamente rivendicato dai giornalisti: cercare di interpretare l'attualità in chiave culturale. Tra l'altro è stata ed è una via d'uscita piuttosto solida alle ricorrenti critiche di elitarismo e distacco dalla realtà. È una propensione che si è accentuata negli ultimi anni e che è leggibile in modo netto dopo l'11 settembre: i nostri quotidiani hanno dato il via a un profluvio di pezzi sull'islam, sul dialogo interreligioso, sulle differenze di civiltà ecc. I giornali anglosassoni l'hanno fatto in modo molto più labile; non che non abbiano parlato del tema, ma nelle pagine dei commenti, degli editoriali di attualità, non nelle pagine culturali, che non hanno in fondo mutato linea. Non è un caso che nelle nostre pagine culturali ci sia una forte presenza di articoli che parlano di saggi, prodotti capaci per loro natura di suscitare dibattiti, informazioni culturali «non necessariamente destinate a tradursi in acquisti o più in generale in fruizione diretta del testo» (Santoro, 1998, p. 148).

2.4. Passaggi: "Il Giorno", "la Repubblica", il mielismo

Costruire una cronologia precisa della storia del nostro giornalismo culturale non è impresa facile, perché si corre il rischio di scambiare per innovazioni o addirittura rivoluzioni tappe o esperienze che in realtà erano già state tentate, magari con scarso successo. Detto questo non si può negare che nell'evoluzione ci siano alcuni passaggi e alcuni aspetti che meritano un'attenzione particolare, se non altro perché vengono comunemente ritenute novità. Tra questi, le modificazioni nella collocazione dell'informazione culturale all'interno del quotidiano. Se il 1901, con "Il Giornale d'Italia" di Bergamini, viene considerata una tappa centrale, molto spesso si cita la nascita del "Giorno", nel 1956, come la seconda rivoluzione. Si tratta di un quotidiano dalle molteplici novità grafiche, anzitutto le foto a colori, i fumetti, supplementi vari e grande immediatezza. Punto chiave: elimina la cultura dalla Terza. In realtà, a parte una certa vivacità e spregiudicatezza, molta è cosmesi, perché la cultura viene solo spostata e inserita in un inserto in rotocalco ampio e variegato, di varietà, appunto. C'è un supplemento settimanale, "Giorno Libri", che toccherà anche le otto pagine. Si oscilla tra l'approccio popolare e quello di nuovi giovani letterati, talvolta molto raffinati: Arbasino, Citati, ma anche Gadda e scrittori difficilmente classificabili come Bianciardi e Soldati. Quello che colpisce al confronto con il panorama generale dell'epoca sono la libertà, la mancanza di schemi prefissati. La cultura può esserci o non esserci, è spesso di alto livello ma convive accanto a temi molto popolari, e anche a cruciverba, oroscopi, fumetti.

Con il passare degli anni lo spazio si riduce, la pubblicità scarseggia, diventa un paginone centrale, che resta un contenitore di alto-basso.

Al di là dei primati, sono comunque indici di un mutato clima, di un'atmosfera in cui la Terza poteva essere ritenuta una forma tardiva, figlia di altre epoche. Gradualmente la Terza sparirà da tutti i quotidiani, ma solo per risuscitare in altre parti, e non sempre in forme troppo differenti. Ad esempio, "la Repubblica" ne farà a meno sin dalla nascita, nel 1976, riservando alla cultura le due pagine centrali del giornale. Gli anni novanta sono anni di fuga dalle Terze. Ma di nuovo, anche sulla questione della collocazione della cultura all'interno del quotidiano, sono leciti i termini "ciclicità" e "carsico". All'inizio del 2005, ad esempio, il quotidiano di Rifondazione comunista, "Liberazione", mutò veste grafica e riesumò la Terza, i temi culturali a pagina 3, per poi tornare sui suoi passi e dedicargli il paginone centrale.

A Paolo Mieli, dapprima alla "Stampa" – nel 1989 – poi al "Corriere della Sera", viene attribuita una delle più rilevanti operazioni di *restyling* del secolo (Agostini, 2004, p. 92). Siamo nel 1992. Che cosa fa Mieli? A parte spostare la Terza al centro del giornale, svecchiandone la grafica, cerca di dare una veste più "agonistica" alla cultura, puntando sulla polemica politica, spesso attraverso la rilettura di momenti particolarmente significativi della storia patria o ancora tramite il lancio di continue provocazioni o discussioni culturali. Ai suoi redattori Mieli chiede vis polemica; è lui stesso a dichiarare che il modo moderno di affrontare la cultura è per conflitti. Mieli è il teorico dell'ascensore: «Credo che qualsiasi giornalista debba avere la capacità di oscillare in continuazione dall'alto al basso e viceversa» (intervista di Chiara Beria d'Argentine, "L'espresso", 25 ottobre 1992). Negli anni successivi Mieli tornerà più volte su queste innovazioni, spiegando come uno dei suoi obiettivi fosse quello di riuscire a offrire un prodotto che rispondesse alla sfida della televisione.

I giudizi sul cosiddetto mielismo sono molteplici e di segno diverso. Si va da chi lo definisce in sostanza l'assassino dell'autorevolezza delle pagine culturali, come la disperata difesa del quotidiano di fronte alla potenza di fuoco della TV, a chi ne loda le innovazioni, sottolineando come finalmente la cultura si scrolli di dosso l'eterno atteggiamento oligarchico. Mieli trasferisce alle pagine culturali quei mutamenti che ha apportato a tutto il quotidiano e indubbiamente le commistioni smettono di essere un tabù, ma non bisogna farsi fuorviare. Il "Corriere della Sera" è un giornale tradizionale e Mieli è un intellettuale con una solida formazione storica. Come si vedrà, il mielismo è cosa diversa dall'ibridismo inglese.

2.5. Problemi e tendenze dell'attualità

Nei primi anni del XXI secolo i nostri quotidiani sono stati interessati da novità che hanno direttamente o indirettamente toccato le pagine culturali. Quelle che ci sembrano più rilevanti sono le seguenti.

- *I prodotti allegati ai quotidiani, ovvero libri, film, dischi venduti insieme al giornale*. Sono stati una piccola rivoluzione. Qui ci interessano soprattutto i libri. Si è cominciato nel 2002, e solo in quell'anno vennero vendute in edicola 44,2 milioni di copie di libri. Dal 2002 al 2005 è stato un boom: 62,1 milioni di copie nel 2003, 75,5 nel 2004, 80 milioni nel 2005. Poi i primi cenni di saturazione: 60 milioni nel 2006, 45,5 nel 2007. Oggi siamo a numeri molto più bassi, basti pensare che nel 2007 l'incidenza dei ricavi dei prodotti collaterali sul bilancio complessivo era del 12,2% (per alcuni grandi gruppi anche più del 20%), nel 2009 dell'8,9%, dal 2010 in poi sotto il 5%. Per qualche anno l'edicola è diventata il secondo canale di vendita dopo le librerie, sopravanzando la grande distribuzione, mentre adesso è tornata a essere più marginale. Il riflesso sulle pagine culturali è stato ragguardevole, e conserva un suo impatto. C'è stata un'iniziale sottrazione di spazio per la cultura, nel senso che i quotidiani hanno deciso di parlare del libro che si vende con il giornale all'interno delle pagine culturali. Non tutte le redazioni sono riuscite a ottenere che lo spazio per i libri si aggiunga allo spazio consueto. Non è pubblicità vera e propria, visto che spesso si tratta di articoli su libri più che meritevoli a opera di penne notevoli. C'è chi ha parlato di autopubblicità. Resta però il dato di una limitazione della libertà di chi gestisce la redazione culturale, che si vede bene o male orientare l'agenda. Il grande successo dell'iniziativa, inoltre, ha spinto alcuni quotidiani, si pensi in particolare a "la Repubblica", ad aumentare inizialmente l'offerta di informazione culturale.

- *I tentativi di trasformazione delle edizioni del sabato e della domenica dei due maggiori quotidiani, "Corriere della Sera" e "la Repubblica"*. In realtà sulle edizioni del fine settimana da sempre un po' tutti i quotidiani si esercitano in esperimenti e l'edizione domenicale è tradizionalmente per tutti l'edizione in cui aumenta lo spazio dedicato alle attività legate al tempo libero: "la Repubblica" e il "Corriere della Sera", però, hanno tentato una trasformazione in senso anglosassone, dichiarata esplicitamente. I quotidiani britannici e americani nelle edizioni del sabato e della domenica assumono dimensioni corposissime, con molti inserti, spazio per cultura, spettacoli, costume, design e cucina, tecnologie, tempo libero. Pur non raggiungendo la mole e la varietà degli anglosassoni, "la Repubblica" e il "Corriere della Sera" hanno percorso la stessa strada, aumentando e variando di frequente le pagine dedicate a questi temi sia nell'edizione del sabato sia in quella della domenica. A muovere gli anglosassoni sono state spesso ragioni pubblicitarie, perché queste sezioni ibride attraggono lettori dai gusti diversi e sono quindi interessanti per gli inserzionisti. Una motivazione non estranea neppure agli italiani. Capita che ci siano articoli o pagine caldeggiati dall'ufficio marketing, così come capita che le pagine siano costruite in modo un po' ingannevole, con accostamenti tendenziosi tra contenuti editoriali e contenuti pubblicitari, o pezzi che il lettore fatica a identificare come spontanei o suggeriti appunto dall'ufficio marketing. A questo proposito sono molto indicativi i grafici elaborati dal laboratorio INDICO (Informazione, diritto e comunicazione) dell'Università di Salerno, che mostrano come per i quotidiani italiani i giorni di maggior incasso pubblicitario siano quelli in cui vengono allegate le riviste, tipici prodotti ibridi, molto letti e molto interessanti per gli inserzionisti.

• *La progressiva "tabloidizzazione" della stampa italiana.* Si sta parlando della riduzione del formato, un mutamento dettato soprattutto da fattori economici. I nuovi formati permettono il passaggio al *full color*, e la pubblicità a colori significa maggiori introiti. L'impatto sulle pagine culturali è stato tutto sommato modesto, sia in termini qualitativi sia quantitativi: contenuto e spazio per l'informazione culturale non sembrano aver risentito del passaggio. Non è stato così, lo vedremo, in Gran Bretagna. Anche in Italia, peraltro, le scelte non sono mai definitive: "l'Unità", ad esempio, dopo il passaggio al formato "minigonna", tabloid, è tornato al berliner, così come l'inserto domenicale del "Sole 24 Ore" è passato dal tabloid della gestione Riotta al *broadsheet* (il formato cosiddetto "lenzuolo") della gestione Napoletano-Massarenti. Anche la *free press* sta vivendo una fase di riflusso, in tutta Europa. È stato un enorme successo nei primi anni del XXI secolo, specie nel 2007-2008, ma adesso, principalmente per via del calo della pubblicità (–22,4% nel 2011) e del calo di lettori, sta soffrendo, e diversi quotidiani gratuiti hanno chiuso. L'impatto della stampa *free press* sull'informazione culturale è controverso. Apparentemente è stato blando, perché i giornali gratuiti non hanno la forza per pagine culturali ben strutturate. Alcuni di essi, però – si pensi in particolare allo scomparso "City" –, avevano o hanno pagine sugli eventi locali che superano la sufficienza, il che può avere conseguenze. In qualche caso misurabili, pensiamo ad esempio all'impoverimento delle pagine culturali dei giornali romani, eccetto "la Repubblica". C'è poi il timore che questo tipo di concorrenza spinga a tagliare tutto ciò che appare superfluo, e una buona redazione culturale, con collaboratori illustri, costa. Più conveniente, senza dubbio, ridurre il personale, lavorare sulle agenzie di stampa, e magari accrescere le redazioni che si occupano di showbusiness e gossip, settori che tirano di più. In Gran Bretagna è successo anche questo.

- *Il progressivo indebolimento della critica militante e di una puntuale e corposa attività di recensione dei libri.* È una tendenza in corso da anni, che non ha fatto che accentuarsi. Le recensioni vere e proprie sopravvivono ormai solo nei supplementi o nelle pagine settimanali dedicate ai libri, mentre in quelle culturali di tutti i giorni sono sempre più rare. L'indirizzo generale di giornali e riviste è quello di pubblicare segnalazioni, anticipazioni, interviste o recensioni brevi, corredate di voti, spesso non affidate a critici di professione, più impressionistiche che meditate (Vannucchi, 2008). Il fenomeno è controverso, potrebbe cioè essere giudicato anche sotto una luce positiva: sono "pezzi" agili, probabilmente più letti dal pubblico, e lo spazio che liberano potrebbe essere occupato da articoli di discussione, dallo sguardo culturale sull'attualità. Sono però – è il lamento di molti scrittori, critici e letterati – pezzi che non permettono nessuna vera elaborazione del pensiero critico. Indiscutibile sembra invece la marginalizzazione dei critici, di quelle firme che con regolarità e incisività rendevano conto delle novità editoriali (La Porta, Leonelli, 2007; Onofri, 2007 e 2008; Berardinelli, 2010). Restano negli inserti letterari, ma non tutti i quotidiani li hanno e non tutti i lettori feriali li leggono. In complesso la critica sui quotidiani è stata uccisa dai ritmi della contemporaneità. Escono troppi volumi e non c'è tempo per la "ruminazione". Di un libro occorre parlare appena esce, se non prima attraverso anticipazioni e interviste. La recensione classica resta un lusso di pochi per pochi, «la democrazia letteraria di massa vanifica l'autorità della critica» (Berardinelli, 2012). Le recensioni cartacee inoltre hanno sempre meno influenza sul mercato dei libri, anche nel paese che ne ha fatto un culto, l'Inghilterra. Oggi per vendere un libro sono più utili passaggi televisivi o radiofonici o l'uso "virale" della Rete, di cui diremo più avanti. Nella società "liquida", della connessione perenne e della distrazione, il libro – e in generale la cosiddetta cultura "alta" – non può avere la centralità di qualche decennio fa. È interessante quello che scrive una firma del "Wall Street Journal", secondo cui è inutile il lamento per il calo di articoli e recensioni sulla musica classica: la realtà è questa, ascoltatori e lettori invecchiano e sempre meno persone – a quanto dimostrerebbe una ricerca interna del quotidiano – leggono le recensioni (Sandow, 2007, p. 47).
- *La crescita della concentrazione nel mercato editoriale.* In confronto alle conglomerate anglosassoni i gruppi italiani sono poco più che nani, ma il nodo c'è. Se un gruppo possiede quotidiani, case editrici, radio, televisioni e riviste, è difficile evitare il rischio che il prodotto di casa riceva un tratta-

mento di favore. Per essere concreti: è raro che di un libro si parli in modo libero, che un autore riceva lo stesso spazio di chi pubblica per case editrici esterne ecc. C'è poi una certa accondiscendenza dei giornalisti di fronte alla potenza ed efficienza di alcune case editrici o uffici stampa, e questo non solo in campo letterario. Spesso si scrive un articolo, o un "pezzo" radiofonico o televisivo che è quasi la copia del comunicato stampa.

• *Internet e la crossmedialità*. Ne parleremo più diffusamente nel capitolo sul web, qui basti dire che è un cambio di paradigma che non può non avere conseguenze rilevantissime anche sull'informazione culturale tradizionale. Ha anzitutto provocato una sorta di esplosione delle fonti e dei fruitori. A proposito del potere nell'età contemporanea, gli scienziati della politica parlano di inflazione del potere, un'espressione che si può mutuare e trasferire al giornalismo culturale: un'inflazione di informazione culturale attraverso siti, blog, social network e partecipazione diretta al dibattito da parte degli scrittori e dei lettori, degli artisti e dei musicisti. Si modifica il modo di lavorare del giornalista e il modo in cui il fruitore accede a notizie e dibattiti, e cambiano di conseguenza anche i contenuti delle pagine culturali, che non possono non tenere conto di quello che sta accadendo. Sino a qualche anno fa c'erano pochi media, e i quotidiani *in primis*, che dettavano l'agenda del paese, e i rimandi e le riprese tra un mezzo e l'altro avevano tempi abbastanza lenti. Oggi c'è una connessione costante e un rimpallo continuo, per cui i quotidiani, se non vogliono finire per presidiare un territorio poco abitato, devono entrare in questa grande piazza in cui social network, blogger, aggregatori, radio e televisioni si scambiano notizie, commenti e approfondimenti. Tutti tengono conto di quello che dicono gli altri, anche in campo culturale, c'è una sorta di conversazione permanente, il che significa più scambi, più partecipazione e più socialità. Forse più capitale sociale e culturale (Boccia Artieri, 2012). I quotidiani riprendono le discussioni, i video e gli audio presenti sui blog o sui social network; questi ultimi rilanciano un articolo di giornale, che a sua volta sul proprio sito mette un'intervista radiofonica o un intervento televisivo; la radio riprende gli hashtag (le parole o combinazioni di parole precedute dal simbolo cancelletto [#] e utilizzate per aggregare i vari messaggi) più frequentati di Twitter e così via. Oggi è molto difficile restare impermeabili, anche per le pubblicazioni in teoria più elitarie e tradizionali. I supplementi culturali del "Corriere della Sera" e del "Sole 24 Ore" sono inseriti in una rete che rimanda a Twitter, a Facebook e a vari blog, e c'è un'esplicita attenzione ai nuovi linguaggi legati a Internet.

3. Come e perché cambia il giornalismo culturale

Adesso torniamo ad allargare il quadro e a gettare nuovamente lo sguardo all'indietro, per provare a descrivere quando, come e perché il giornalismo culturale conosce cambiamenti meritevoli di attenzione. Lo sguardo storico permette di evitare di scoprire novità o addirittura rivoluzioni di fronte a ogni stormir di foglia, e tuttavia pare innegabile che alcune delle trasformazioni più rilevanti siano avvenute negli ultimi trent'anni.

Leggendo le righe che seguono speriamo di poter fornire un'idea – come si diceva nell'*Introduzione* – più chiara del perché si diano oggi due grandi accezioni del termine cultura: una ristretta, secondo la quale ci si riferisce alla «sfera delle attività artistiche e intellettuali che presuppongono ingegno e coltivazione» (Santoro, 2010, p. 30), e una più ampia che invece intende la cultura come «l'insieme di atteggiamenti, norme, valori, credenze, rappresentazioni di collettività umane, come tale presente in tutti i gruppi e gli strati sociali» (Santoro, 2007, p. 14; Santoro, 2000).

Per gli stessi antropologi la cultura passa da sinonimo di arte a concetto vastissimo: ci sono manuali di antropologia che elencano quasi duecento diverse definizioni riconducibili però in definitiva a due famiglie, quella elitaria, etnocentrica, degli umanisti, e quella più aperta, tendenzialmente onnicomprensiva, degli scienziati sociali.

Si vedrà inoltre come in Italia sia ancora molto radicata la prima accezione, trasmessa da una lunga tradizione di studi umanistici e letterari.

3.1. Benessere, consumismo, democratizzazione

Già i cenni storici sulle origini e la prima evoluzione dell'informazione culturale, ma anche le vicende italiane, dovrebbero averci mostrato quanto stretto sia il rapporto tra cultura e società, e quanto dunque la cultura e più ancora la sua rappresentazione siano sensibili al contesto storico. La stampa, è quasi inutile ricordarlo, assolve varie funzioni, è uno specchio, un vetro che talvolta distorce, una luce. Riflette e filtra i fatti e le idee, e orienta comportamenti, ideologie e mutamenti. I mass media sono uno dei grandi veicoli di significato e organizzazione del mondo moderno, una delle chiavi per la formazione della cultura.

Ancor più che nell'Ottocento, nel XX secolo abbiamo assistito a trasformazioni enormi, e tra le rivoluzioni novecentesche che qui ci interessano occorre mettere l'accento soprattutto sui processi di modernizzazione, talvolta violenta, delle società occidentali. Sono processi e mutamenti che hanno avuto un riflesso profondo su contenuti e forme della stampa, la quale ha anzi esercitato un ruolo da volano, in una sorta di svolgimento circolare. La società mutava, i mass media registravano, facevano da eco e contribuivano al cambiamento.

Il Novecento è stato anzitutto il secolo della rivoluzione dei consumi. Espansione economica e benessere diffuso hanno comportato conseguenze che non è errato definire immense nella vita delle generazioni che ci precedono. Tra i molti effetti va qui rilevata la trasformazione delle abitudini, dei tempi della giornata, con una oggettiva liberazione del tempo libero, da dedicare ad attività non strettamente lavorative o fisiologiche. Di quel tempo liberato, del modo in cui riempirlo, si sono ovviamente interessati Stato e mercato, cosicché la seconda parte del secolo può ben essere definita come un'epoca di trionfo di beni immateriali. E quindi di mezzi di comunicazione di massa: televisione, sopra tutti, ma anche radio, giornali, riviste, cinema ed editoria. Non solo immateriali, però. Anche sport, vacanze, shopping; l'industria dell'intrattenimento ha conosciuto un'affermazione indiscutibile. Il paesaggio dei consumi, anche culturali, ha vissuto un terremoto, e tra le conseguenze c'è stata una profonda messa in discussione delle gerarchie culturali, dell'ordine delle forme e degli oggetti culturali.

Sono processi che hanno interessato gran parte del mondo, e in particolare quello occidentale, con differenze non marginali: tra gli anglosassoni si sono imposti prima e con maggiore penetrazione (Sassoon, 2008, p. 695). È negli Stati Uniti, come si è visto, che nasce e si sviluppa il giornalismo industriale, ed è lì e in Gran Bretagna che la forza del mercato, le sue ragioni hanno più fortemente impregnato di sé le comunicazioni di massa. Si è dato già qualche cenno nelle pagine di ricostruzione storica, ma è sempre opportuno ricordare che rispetto ai paesi continentali l'asse anglosassone è stato sempre più votato al mercato e alle ragioni del commercio, e in linea generale ha avuto un approccio economico più liberale. Tutto ciò ha avuto un riflesso piuttosto evidente sull'evoluzione della stampa e del giornalismo culturale in particolare. Se infatti andiamo a ripercorrere la storia dei diversi giornalismi, è difficile non riscontrare l'esistenza di due modelli di fondo di informazione culturale, quello anglosassone e quello continentale o latino. In realtà ci sono classificazioni più complesse, più articolate, ma il dato empirico, come emergerà, conferma questa divisione di fondo.

3.2. Caduta delle gerarchie culturali

Partiamo dall'affermazione più rilevante per il tema di cui ci si sta occupando: la società del secondo dopoguerra è la società dei mezzi di comunicazione di massa, della cultura di massa e dell'industria dell'intrattenimento. Ci sono biblioteche intere su questa rivoluzione. L'interesse teorico si deve far risalire almeno agli anni trenta, con la concentrazione massima negli anni cinquanta e sessanta, in coincidenza con l'espandersi del benessere nelle società occidentali: l'espressione "società di massa" diventa quasi un simbolo dell'epoca (Mattelart, 2002, p. 72).

In realtà produzione di massa e audience di massa non sono figlie del secondo Novecento, ma piuttosto creature della rivoluzione industriale, che hanno conosciuto un momento topico a cavallo tra Otto-cento e Novecento, in un torno di decenni in cui si coagulano diverse spinte molto forti come il progresso tecnologico, l'irrompere delle masse, i prodotti per un mercato di massa, e non a caso c'è chi fissa come data simbolica di questo coagulo l'Expo Universale di Parigi del 1900 (Abruzzese, Mancini, 2007, p. 71). È tuttavia più tardi che la cultura scende dall'olimpo dei valori assoluti e per trasformarsi in bene di consumo. Ancora una volta è l'America ad anticipare le tendenze, caratterizzandosi prima di tutti come la fabbrica dei nuovi prodotti che riempiono immaginario e tempo liberato: film, romanzi di genere, soap opera radiofoniche, fumetti, pubblicità ecc. Un insieme destinato a modificare alla radice il paesaggio dei consumi culturali degli occidentali, e che nel giro di breve tempo diviene oggetto di ricerche e riflessioni.

L'incontro con la cultura di massa americana, destinata a milioni di persone, con una presenza ossessiva della pubblicità, turba profondamente i filosofi della Scuola di Francoforte, che giungono in America nei tardi anni trenta, in fuga dalla Germania hitleriana. Sono loro, con il loro portato di grande cultura europea di stampo illuminista prima ancora che marxista critico, a coniare l'espressione "industria culturale", caricandola di significati negativi. In sostanza si indica il processo di riduzione della cultura a merce, a consumo, funzionale ai processi di sfruttamento capitalistici. È un sistema integrato che disinnesca tutta la potenza critica dell'arte ed è funzionale a un'obbediente accettazione della gerarchia sociale. Ha bisogno di larghi numeri e di fruibilità, è appunto l'esplosione dei mezzi caratteristici dell'industria culturale, «il cinema, la radio, il jazz e i magazines» (Adorno, Horkheimer, 1966, p. 51). Il loro timore è che letteratura, pittura e musica subiscano lo stesso destino di standardizzazione e serializzazione che vedono nella letteratura di evasione, nei romanzi polizieschi, nei fumetti, nella musica e nei film d'intrattenimento, nelle radio commerciali e nel successo delle soap opera. Non solo. Non dimentichiamo che i filosofi della Scuola di Francoforte sono stati i diretti testimoni dell'uso propagandistico dei mezzi di comunicazione di massa, e sono quindi probabilmente marcati da un pregiudizio negativo.

L'influenza di Adorno, Horkheimer e Marcuse – specie dei saggi dei primi due – fu immensa e inaugurò una stagione di diffidenza degli intellettuali verso i prodotti di massa che non si è in fondo mai chiusa. È nel secondo dopoguerra, però, negli anni cinquanta e sessanta, che le riflessioni su mass media e società di massa si fanno approfondite ed empiriche. Anche perché nel frattempo è nato e si va rapidamente imponendo un medium destinato a stravolgere il paesaggio: la televisione, che modifica i consumi materiali, stravolge i costumi e introduce un nuovo linguaggio, un nuovo lessico anche nel modo di trattare le arti, un processo che è stato descritto come "mondanizzazione delle arti". In poco tempo diventa il medium dominante. Pittura, scultura, lettere ne subiscono l'influenza, ne vengono contaminate, entrano a far parte dello stesso universo delle merci, così che per qualche critico si verifica una sorta di epocale sparizione dell'arte. Si assiste dunque a trasformazioni radicali, che mettono in crisi da un lato gli intellettuali tradizionalisti, formatisi in modo classico, dall'altro – forse più importante – le secolari distinzioni tra cultura alta e cultura bassa, e quindi il concetto di gerarchia culturale. Nella visione modernista l'arte, la cultura "alta", veniva definita proprio in opposizione alla cultura di massa, figlia dell'industria culturale produttrice di temi e valori conformistici. La creatività individuale contro la razionalità livellatrice del mercato.

A questo approccio di fondo, ovviamente declinato in molti modi diversi, nei decenni si contrapposero altrettante voci di segno opposto, molto più benevole e ottimiste, e anche posizioni mediane, oseremmo dire riformiste, che invitarono a distinguere, a operare e valutare empiricamente. Anche in seno alla stessa Scuola di Francoforte, per opera di Walter Benjamin e Siegfried Kracauer. Specialmente il primo, con alcuni saggi oggi celeberrimi, ci dà un'interpretazione della modernità e dei suoi frutti, una lettura dei primi strumenti di massa e in generale della società di massa, assolutamente imprescindibile.

Un approccio di segno fortemente diverso da quello dei tedeschi in America lo abbiamo avuto proprio negli Stati Uniti, dove ci si è misurati con la produzione e con il consumo culturale di massa in modo empirico, nemico di genericità e ideologismi, che ha lentamente prodotto un cambio di paradigma. Un paese che ha caratteristiche per così dire strutturali che hanno reso molto più fluida, oltre che meno contestata, la trasformazione. È una terra dove si è molto meno sedimentata la contrapposizione tra culture e dove la rigida antitesi moderna tra alto e basso è sempre stata più sfumata.

Negli Stati Uniti è sempre stata forte la tradizione anti-intellettuale e antiaristocratica. Nella società americana il principale segno di status è stato – e probabilmente è ancora – l'*economic ability*. Il capitale culturale, così centrale in Europa, non è mai stato un requisito essenziale per la classe dirigente, né per il successo professionale né negli affari. Il mercato, a ragione o meno, è stato esaltato nella sua dimensione

egualitaria, come contraltare alla società dei privilegi e delle *useless aristocracies*. La cultura, molto più che in Europa, è stata parte di un sistema che doveva essere accessibile all'uomo comune, non strutturato in modo da favorire l'eccellenza, in fondo antiegualitaria.
Il rapporto tra prestigio e cultura è stato ed è più labile che in Europa. È qui – e in Gran Bretagna – inoltre che lo scrittore cambia statuto, si svincola dalla cortigianeria ed entra nel mercato, affronta la questione del prodotto da affermare e vendere. E non a caso, come si è accennato in precedenza, qui il giornalismo conosce una storia diversa, diviene il prodotto di una democrazia di massa, figlia dell'immigrazione, tendenzialmente egualitaria, in qualche modo obbligata a usare un linguaggio piano e accessibile. Gli Stati Uniti sono dunque il primo paese in cui si afferma la cultura di massa, e rappresenta anche l'avanguardia delle ricerche e delle discussioni su quel che accade. La Mass Communication Research si apre con i lavori di Lasswell (1927 e 1938), e di lì in poi l'interesse per il tema non farà che crescere (Sorice, 2000, p. 23). Cultura e società di massa hanno trovato qui detrattori ma anche un numero di difensori difficilmente riscontrabile altrove. Le analisi sono molte e complesse, basti dire che ruotano attorno ai classici argomenti socioeconomici e democratici. Sintetizzando, l'obiezione di fondo degli "integrati" ai critici della cultura di massa è di restare legati a una visione autoritaria e classista, di essere gli alfieri di una protesta romantica contro la vita contemporanea. Di essere incapaci di pensare a strutture intellettuali, a psicologie diverse dalle loro. Di ridurre il dibattito a una questione di tutto o nulla. Fissare una scala di valori significa mortificare ulteriormente chi ha avuto scarse opportunità economiche ed educative. Il corollario è che il mercato è più democratico delle gerarchie degli esperti.
In fondo, da un punto di vista meramente quantitativo, nella società di massa si consuma più cultura che nel passato, anche cultura alta. Quest'ultima si è solo ridotta in percentuale rispetto alla cultura bassa. È negli Stati Uniti, poi, che va cercato l'embrione della cultura postmoderna. Già negli anni sessanta Susan Sontag e Leslie Fiedler predicano esplicitamente l'abbattimento dei recinti e la legittimità delle commistioni (*there are no rules, anything goes* è la celebre formula usata da Sontag), ed è sempre negli Stati Uniti che lo stesso

termine "postmoderno" viene adottato per la prima volta. Del postmoderno, più che la contestazione dell'autorità e dell'eccellenza, è importante la perdita di un centro, e il conseguente acquisto di importanza di fenomeni, materiali eterogenei e attività un tempo ritenute marginali.

Il postmoderno è anche, se non soprattutto, commistione tra cultura alta e bassa, è ruolo centrale della TV, è frammentazione, è contestazione delle gerarchie degli interpreti dei fenomeni culturali (Carravetta, 2009).

I primi passi vengono mossi nel mondo dei mass media, ma presto il sommovimento coinvolge anche l'accademia, sia dal punto di vista delle materie insegnate, sia come massima autorità in materia di estetica e legittimazione culturale. Gli Stati Uniti sono il paese della pop art, delle opere – pensiamo in particolare a Wesselmann, Warhol e Lichtenstein – in cui alto e basso convivono, o in cui si dà aura artistica ai prodotti dell'industria. Sono, più in generale, il paese della critica di certe gerarchie date per assodate nel vecchio continente. Negli Stati Uniti c'è inoltre un elemento ulteriore, una caratteristica tutta americana che si è sviluppata alla fine degli anni ottanta e che contribuisce a modificare il quadro. Parliamo del *politically correct*, il politicamente corretto, che potremmo riassumere come il rispetto, l'attenzione per tutte le minoranze e gli stili di vita presenti nella società. Sottende anche una profonda messa in discussione delle gerarchie, dei punti di vista, dei canoni letterari e culturali tradizionali. Una figura di critico a suo modo paradigmatico di questo atteggiamento è stata Pauline Kael del "New Yorker" (Martel, 2010).

E in Europa? Per sintetizzare potremmo rispondere che anche l'Europa conosce tutti questi sommovimenti, ma un po' più tardi e in modo meno penetrante. Ordini, gerarchie e riserve resisteranno e in qualche modo tengono ancora oggi. Ma lo vedremo. Diverso è quel che accade in Gran Bretagna. È da lì che arriva un contributo di grande peso nel modificare il quadro culturale novecentesco. In Inghilterra tra gli anni cinquanta e sessanta escono alcuni libri destinati a lasciare un segno: *The Uses of Literacy*, di Richard Hoggart (1957), *Culture and Society: 1780-1950*, di Raymond Williams (1958) e *The Making of the English Working Class*, di Edward P. Thompson

(1963). Negli anni a seguire Hoggart avvierà un'esperienza destinata a segnare il dibattito anglosassone: la Scuola di Birmingham e i cosiddetti *cultural studies.*

Ai fini del nostro discorso la novità più significativa è che muta il punto di vista sui fenomeni culturali. L'ottica è antropologica, sociologica, si ragiona, si opera con un concetto di "cultura" in espansione, molto più relativo e multidisciplinare. Il prodotto culturale viene sottoposto a uno sguardo per così dire a "360 gradi", multiprospettico (Durham, Kellner, 2001). Non come testo od oggetto isolato, ma in relazione al contesto storico e politico, al significato sociale della sua creazione e del suo consumo (Eagleton, 2000; Sassoon, 2008, *Introduzione*).

Si sviluppa un modo diverso di guardare ai comportamenti, alle esperienze delle classi subalterne, con un approccio che potremmo definire "dal basso", che dà voce a individui o gruppi culturalmente silenziosi. Accade qualcosa di simile a ciò che avvenne al momento dell'affermazione delle televisioni private, e che il filosofo italiano Gianni Vattimo salutò, con entusiasmo forse miope, come la presa di parola delle subculture (Vattimo, 1989, p. 15).

Se dunque si amplia il concetto di cultura – che diventa «il complesso delle manifestazioni della vita materiale, sociale e spirituale di una comunità, ossia l'insieme dei prodotti e dei valori umani, che caratterizzano i costumi e le forme del vivere di un popolo» (Montani, 2002, p. 336) –allora ogni aspetto della vita sociale – e non solo i prodotti culturali selezionati dalle élite – è meritevole di attenzione, degno di approccio serio: dal pop alla moda, dal gangsta rap alla conversazione nei pub, allo shopping. La stessa audience televisiva non è un insieme bruto, ma un qualcosa da analizzare con attenzione e rispetto. Il giudizio estetico non ha a che fare con qualcosa di trascendente, assoluto, ma va sempre portato sul terreno della contingenza, delle circostanze materiali, dei rapporti di potere. Non basta. Si scolla la secolare identificazione tra élite culturale e innovazione estetica. E si cercano di smascherare i molti impliciti, nascosti rapporti tra cultura e potere. Se l'obiettivo non è la comprensione ma la perfezione spirituale, la cultura – secondo i critici e l'intera dottrina dei *cultural studies* – non può che diventare un veicolo di discriminazioni, un patrimonio, un canone funzionale a un'élite, che benignamente deve illuminare la massa. Resta in fondo un approccio figlio dell'illuminismo. Il popolo viene educato alla cultura, non la cultura abbassata a cultura di massa. E non a caso c'è anche chi ha sostenuto che la storia delle comunicazioni di massa è in parte storia della paura delle masse, che divennero sempre più visibili con la crescita delle industrie dei media e della comunicazione (Gorman, McLean, 2005, p. 9).

Anche la Francia – in un modo probabilmente più elitario, con un dibattito che faticherà maggiormente a estendersi ai media – contribuisce a modificare il quadro, attraverso lo strutturalismo e il post-strutturalismo. Cresce l'attenzione nei confronti degli aspetti costitutivi dei testi, che non sono ovviamente solo i libri ma ogni forma culturale dotata di significato, dai film ai prodotti televisivi, alla pubblicità, ai graffiti ecc. Il risultato di tutti questi movimenti – altri ne potrebbero essere citati –, di tutte queste novità e delle tante ricerche è che a partire dagli anni cinquanta la visione modernista-elitaria si sfarina, le gerarchie culturali si indeboliscono, il panorama cambia. E cambiano i mass media. Nei quotidiani, consapevolmente o meno, trovano legittimazione temi e argomenti un tempo rigorosamente tenuti fuori dal recinto della dignità culturale. L'avverbio "consapevolmente" non è usato a caso.

Non si può affermare che la scelta di mutare gli argomenti, o il modo di trattarli, sia figlia di libri o scuole o filoni di pensiero. Tenderemmo anzi a escluderlo, puntando piuttosto il dito verso il mercato. Tuttavia ad esso non può essere estraneo il mutato clima culturale. E non cade solo lo steccato tra cultura alta e bassa. Viene meno, sebbene parzialmente, anche la distinzione tra arte pura e arte commerciale: sempre più spesso l'avanguardia cerca e incontra il favore del pubblico e si riduce lo iato tra qualità e successo commerciale. Non poco contribuiscono le innovazioni tecnologiche, pensiamo soprattutto alle riproduzioni fotografiche e all'uso del video nell'arte visuale.

È come se il giornale cominciasse a essere lo specchio della condizione postmoderna, e come se le opere-manifesto del postmoderno cercassero di assorbire e far coesistere i più diversi generi di espressione. Avanguardia teatrale e personaggi televisivi, flusso di coscienza ed eroi dello sport, soap opera e letteratura, pop e musica colta. Ma non – come un tempo – con recinti e prese di distanza.

Diversi studiosi parlano di *culture society*, una società in cui la cultura perde l'aura dei secoli precedenti, scende dall'empireo dei valori spirituali per spandersi nel vasto terreno di una società consumistica ed edonistica. È, probabilmente, anche un discorso di legittimazione e di potere, leggibile attraverso le analisi del sociologo francese Pierre Bourdieu e da ultimo soprattutto attraverso i lavori del sociologo americano Paul Di Maggio. La struttura delle istituzioni culturali si basa su un meccanismo di inclusione/esclusione, e il campo della produzione culturale, di cui il giornalismo è uno dei motori, è un terreno in cui si svolge una lotta per la definizione dell'artefatto culturale e per l'accesso allo spazio pubblico. Non a caso si distingue tra democratizzazione culturale, ovvero il processo che mira a estendere il canone culturale, tradizionalmente patrimonio dell'élite, e democrazia culturale, volta a stimolare la produzione autonoma da parte del popolo, con la demolizione di qualsiasi tendenza alle gerarchie in campo culturale.
Naturalmente un fattore centrale per il mutamento e per lo scontro di potere è l'affermarsi di una società consumistica. Al di là dello slogan che vede ogni individuo come potenziale consumatore, è indubbio che la società consumistica e dei mass media sia una forza scollante, che logora i legami e le differenze sociali, così che gli immaginari, i personaggi di riferimento e persino gli argomenti di conversazione di un ricco aristocratico e di un piccolo borghese sono oggi estremamente più vicini di un secolo fa.
Ai fini di quanto stiamo dicendo sembra quasi superfluo ricordare cosa abbia significato l'avvento della televisione. La cultura televisiva può essere padroneggiata da chiunque, è un grande codice comune, ed è stata importante anche per le pagine culturali dei giornali, perché li ha obbligati a spostare il tiro, a modificare l'agenda. Se un enorme universo di lettori diventa competente su un determinato settore, sa e chiede notizie, come evitare di dargliele? Non solo. In termini più banalmente mercantili, l'accesso alle pagine culturali è essenziale. Il successo di un prodotto culturale dipende in buona parte da queste. Anche il ruolo del giornalista, o meglio ancora del critico, è centrale: è il mediatore che porta il prodotto culturale all'attenzione del grande pubblico.

Con gli anni si sono moltiplicate qualificazioni e distinzioni nell'ambito dell'offerta culturale. Il pubblico di massa si è dimostrato non tanto meno prono, quanto molto più articolato e imprevedibile rispetto alle letture della Scuola di Francoforte, che in fondo conoscevano poco il consumatore che descrivevano. Con il passare dei decenni, dunque, e specialmente nel mondo anglosassone, distinzioni e gerarchie sono diventate criteri e punti di vista in qualche modo superati dal mercato e dalla varietà e complessità dei gusti del pubblico, e sono state parcellizzate e rese in parte innocue. Da tempo è stato fatto notare come l'incontro tra il prodotto culturale industriale, seriale, e la cultura locale produca i risultati più diversi: pensiamo al melodramma e alla serialità egiziana, alle telenovelas sudamericane, alla Bollywood indiana (Mattelart, 1994, p. 363).

Oggi la commistione è un dato di fatto acquisito. Le più alte istituzioni culturali si comportano come promotrici di cultura popolare e viceversa. Il Guggenheim Museum ospita mostre su Armani, la Disney produce film d'arte. L'industria dell'intrattenimento sembra quasi aver superato la fase postmoderna, e non a caso c'è chi parla di *highpop* (Collins, 2002, p. 6). I film di Quentin Tarantino sono una sorta di epitome di tutto ciò. La cultura popolare non è più – come nel postmoderno – oggetto di citazione ironica, segno, strumento di critica dell'ortodossia, sintomo della perdita di un centro; oggi la cultura popolare si appropria dei prodotti delle élite e li ricicla a uso di audience immense. Stessa cosa sul fronte consumatori. I giovani più curiosi sono onnivori, l'offerta è talmente ampia e invadente che non è quasi più concepibile una formazione culturale che non assorba tutti i generi. È ormai qualche anno – a partire da un ormai celebre articolo di Richard Peterson (1992) – che la categoria degli onnivori è stata introdotta e raffinata nella sociologia della cultura. Studi e ricerche empiriche hanno confermato che negli Stati Uniti la stratificazione che abbiamo conosciuto nel corso del Novecento – con la contrapposizione tra élite con gusti sofisticati e ben definiti e masse con gusti semplici e omologati imposti dall'industrializzazione e dal mercato di massa – è invecchiata, non è più in grado di descrivere la contemporaneità, i consumi culturali degli americani, e che è più efficace, più rappresentativa, una categorizzazione diversa, basata sullo schema onnivori/univori. Le ricerche ci dicono che i gruppi con il più alto status culturale risultano avere gusti eclettici e non selettivi, non chiusi, mentre molta più omogeneità si ritrova nelle coorti con lo status più basso, che hanno una dieta culturale povera e omogenea. Non sono certo stati seppelliti i meccanismi di distinzione/esclusione. L'essere onnivori può essere un nuovo strumento di status, così come l'omogeneità serve anche quale strumento identitario rispetto ad altri gruppi dello stesso livello.

Non è un caso che chi si occupa di analizzare la natura delle pagine culturali americane concluda che l'epocale domanda sul tipo di cultura – alta o bassa, *highbrow* o *lowbrow*, elitaria o di massa (Levine, 1988) – che trova rappresentazione sui giornali americani è stata considerata fuorviante. Nel senso che la vita artistica e culturale dei lettori è fatta di una commistione di elementi alti e bassi, e un giornale farebbe un'operazione antieconomica nello scegliere una direzione piuttosto che l'altra. Il quotidiano deve per forza assemblare tutto. Ignorare televisione, cinema e musica popolare è impensabile almeno quanto non mettere i risultati nelle pagine dello sport.

Il paesaggio attuale è stato da tempo definito di "cultura convergente" (Jenkins, 2007), un paesaggio in cui è difficile intravedere racconti principali, indirizzi *mainstream*, in cui, in ultima analisi, va attenuandosi il consumo di massa, frantumato in una miriade di sottogeneri e nicchie, in cui rischia di invecchiare la stessa nozione di nazionalpopolare e tendono a diventare più plausibili espressioni quali "personalizzazione di massa" o "diversità standardizzata" (Martel, 2010, p. 404). Oggi lo stesso prodotto, lo stesso oggetto culturale, si estende su più piattaforme, e muta a seconda del mezzo che lo comunica. La distinzione di livelli sembrerebbe essersi spostata dai contenuti o dalla forma artistica al modo di fruire i contenuti stessi: Beethoven che diventa suoneria del telefonino o musica da aeroporto viene fruito nella disattenzione; più che l'oggetto cambia lo sguardo sull'oggetto (Eco, 2010). Le stesse opere, insomma, possono cambiare segno a seconda del tipo di ricezione (Giddings, 2010).

Cultura convergente, paesaggio crossmediatico: ecco altre espressioni con le quali bisogna familiarizzare. Ciascun medium svolge appunto a modo proprio il medesimo progetto narrativo, facendo ricorso a supporti tecnologici che spesso si intrecciano. Sono sempre più diffuse – viene in mente il film *Matrix* per tutti – le opere ipercitazioniste e godibili a più livelli. La struttura della produzione, l'industria che sta dietro a tutto ciò e gli strumenti che abbiamo a disposizione hanno la fisionomia di un oligopolio, che prospera attraverso la convergenza, ma è anche vero che le nuove tecnologie sono sempre più di massa e rendono il consumo più partecipativo e adulto. Certo, resta irrisolta la questione della capacità di una lettura critica e consapevole, che forse una formazione tutta o quasi audiovisiva rende più difficile. Nel giudicare l'offerta – e quindi anche il giornalismo che se ne occupa – bisogna avere antenne sensibili e cercare di distinguere, mettere in luce i registri, i livelli, i destinatari. Anche il potere culturale è oggi più diffuso e decisamente meno consustanziale a un'élite, cosicché le analisi di Bourdieu non sono forse più sufficienti a inquadrare i fenomeni. Più che la classe, contano altri fattori quali il genere sessuale, l'età, il luogo. Detto questo, non si può affermare che non ci siano tutt'oggi gerarchia e classismo culturale, ma è come se la scala di valori fosse traballante. Media e industria culturale vogliono i grandi numeri e cercano valori condivisi, ed essendo agenti piuttosto forti diffondono questi valori. Il risultato è che all'élite restano un prestigio e un potere culturale molto autoreferenziali, non più visti come il modello di riferimento. La linea di trasmissione, insomma, non è più unidirezionale.

3.3. Quel che accade in Italia

Questo genere di riflessioni ha percorso ovviamente anche il nostro paese, basti pensare ai saggi della fine degli anni cinquanta di Umberto Eco e poi al lavoro di Paolo Fabbri, all'importazione della saggistica americana operata da Cesare Mannucci, ai tentativi di sdoganamento dei prodotti della cultura popolare da parte di Oreste Del Buono. In generale però la nostra ricezione è stata tardiva e sospettosa. Anzitutto perché l'industria culturale è maturata più lentamente e in maniera meno sistematica.

Da noi l'esplosione della cultura di massa coincide con gli anni sessanta, anche se le prime manifestazioni e le prime riflessioni sono precedenti. Secondo diversi studiosi sono di inizio Novecento, quando si espande il consumo di musica lirica tramite le nuove tecnologie di riproduzione, si diffondono i periodici femminili e i gialli Mondadori e si assiste a uno scambio tra cultura d'élite e cultura "subalterna": pensiamo al futurismo e alla pubblicità, ad autori diversissimi come Liala e D'Annunzio, ai fumetti e al figurativismo. E degli anni trenta, quando dilagano i film di Hollywood, incontrano enorme successo romanzi come *Via col vento* o fumetti come *Topolino* e *Gulp!*, che si impongono nonostante il presunto autarchismo fascista (Forgacs, Gundle, 2007).

Complessivamente, però, sino al secondo dopoguerra ci fu scarsa elaborazione teorica su quanto accadeva (Sorice, 1998); per avere delle serie riflessioni sociologiche occorrerà attendere decenni. Le nostre letture della cultura e della società di massa, inoltre, sono state in larga parte ostili, e l'identificazione tra cultura e arti elevate più persistente che altrove. Perché? La risposta non è semplice né univoca. Primo, perché appunto tutto avviene più tardi. Secondo, per la nostra tradizione culturale e politica. Da noi la forza, il retaggio della cultura alto-umanistica, il peso di figure come Croce e Gentile hanno diffuso una generale ritrosia, un disinteresse verso i prodotti di massa, una difficoltà ad accettare i nuovi media, specie la televisione. Sia la cultura cattolica sia quella comunista, poi, hanno faticato ad accettare le logiche dell'industrialismo, e ancor più lo sviluppo del sistema di trasmissione commerciale dei beni intellettuali quale avviene in un'economia di mercato (Spinazzola, 1995, p. 14). Non a caso da noi la Scuola di Francoforte, come si diceva, conobbe un notevole successo. Se andiamo a vedere alcuni dei nomi simbolici dei primi decenni del secondo dopoguerra ci imbattiamo in letture piuttosto critiche. A sinistra pensiamo a Pasolini e Fortini, a destra a un intellettuale tradizionalista come Elémire Zolla, ma anche a un liberale come Montale.

C'è un luogo che per così dire sintetizza molti di questi processi, ed è "l'Unità" del primissimo secondo dopoguerra, in particolare le sue pagine culturali (Pischedda, 1995). Sono molto evidenti le oscillazioni tra tendenze populistiche e controtendenze elitarie, tra tentativi di contestare e liberarsi della cultura castale, dei vizi dell'accademismo attraverso la concessione di spazi alle rubriche femminili, alla moda, ai fumetti, naturalmente al cinema, e anche ai racconti o ai romanzi a puntate. Il punto è sempre il solito: allargare verso il basso l'area di fruizione della cultura.

Oggi il quadro è completamente diverso, la cultura di massa si è dispiegata in tutta la sua forza ed è stata descritta in migliaia di saggi e ricerche. Pure, siccome la storia conta qualcosa, distinzioni e gerarchie continuano a conservare una loro legittimità, e le leggi del mercato da noi non esercitano una tirannia assoluta. Il nostro paesaggio è meno ibrido e la nostra intellighenzia non ha perso un approccio in qualche modo tradizionale, "patrimoniale" verso le varie forme culturali. Nel comporre il quadro non va poi trascurato il fatto che l'Italia avrebbe in seguito conosciuto uno strappo forse più radicale degli altri grandi paesi occidentali, perché il modo e le forme che ha assunto l'affermazione della televisione commerciale hanno avuto conseguenze profonde, anche politiche. Per molti intellettuali è stata la conferma della correttezza dell'analisi adorniana, ed essi ebbero non poche difficoltà a misurarsi con un paesaggio di consumi culturali stravolto rispetto a pochi anni prima. Asor Rosa (2009, p. 96) ha parlato di «esiti nefasti della civiltà massmediatica sull'anomalia italiana».

Il dibattito sulla cultura di massa, o meglio sulle forme che assumono oggi produzione e ricezione culturale, resta comunque molto vivo. Oggi sulle antiche dispute sui mass media e la cultura si è innestata la riflessione sui new media e sul loro impatto sulla società. Negli ultimi anni si è discusso di barbari e antibarbari, di rivoluzione culturale dell'audiovisivo, di nativi e immigrati digitali, di cosa accada al sapere nell'era di Facebook. Sono uscite analisi preoccupate sulla marginalizzazione delle arti tradizionali e sulla perdita di centralità del libro (Giunta, 2008), saggi di grande pessimismo sull'imporsi di una mediasfera dominata da media elettronici che rendono subalterni i soggetti e indeboliscono le forme di sapere critico, paziente, meditato che ci siamo trasmessi per secoli (Simone, 2012), tentativi di capire i "barbari" e la loro velocità, la loro esperienza multimediale, il loro crescere senza gerarchie (Baricco, 2006), e anche interpretazioni che difendono l'esistente, contestando la superiorità del modello classico di trasmissione dei saperi, in realtà meno vitale e democratico di quello della società mediatica (Brevini, 2008).

Molto vivaci risultano anche i dibattiti sulla pubblicistica generale, che si sono concentrati sulla perdita della dimensione della profondità (Baricco, 2010, e repliche di Scalfari, 2010), dell'attenzione e della capacità di concentrazione (Lovink, 2012) e sul dilagare della sensazione e della frantumazione (Ferroni, 2010; Tonello, 2012). È piuttosto presente anche l'argomento dell'eccesso di informazioni, che determina la scomparsa delle gerarchie e delle priorità, la fine di una definizione chiara del termine cultura, un paesaggio in cui vincono frivolezza e spettacolarizzazione, l'orizzontalità piuttosto che la verticalità (Vargas Llosa, 2012). Concentrazione e distrazione è la dicotomia che ha maggiore circolazione: emerge forte la nostalgia dei solidi umanisti per la concentrazione su un oggetto solo, che è poi il libro (Berardinelli, 2012), e l'impossibilità di competere con strumenti che attiverebbero dopamina e quindi dipendenza, e conseguente noia in caso di assenza di stimoli. Molte ricerche di questi ultimi anni confermano che l'utilizzo di smartphone e tablet sottrae tempo alla lettura, che è divenuta comunque più distratta.

Sono critiche, paure da anni cinquanta? Il solito terrore dei tardoumanisti di fronte a ciò che corrode il conosciuto, il territorio che padroneggiano? Forse sì, ma è opportuno distinguere i due periodi e le due trasformazioni, che hanno più elementi di differenza che di somiglianza.

Ci sono comunque diverse posizioni riformiste, mediane. C'è chi sostiene che multitasking e attenzione non dovrebbero essere viste come forze opposte tra loro (Jenkins, 2008), e che il multitasking e la connessione affinino in realtà la consapevolezza sociale. Un libro di un pioniere della Rete, Howard Rheingold (2012), cerca di fornire gli strumenti per non essere pedine passive della macchina, invitando a essere soggetti attivi, alfabetizzati digitalmente e consci di come cambiano le relazioni e la partecipazione.

Anche la sociologia italiana ci pare che stia cercando di leggere i cambiamenti in modo empirico, tentando di capire nel concreto come cambiano le relazioni tra le persone, specie nelle generazioni più giovani, cosa significhi essere interconnessi e in che modo oggi gli individui si misurano con l'informazione (Mazzoli, 2009 e 2012; Boccia Artieri, 2012).

Ci sono inoltre ormai moltissime ricerche e pubblicazioni su come i new media stiano modificando i processi di apprendimento, e si moltiplicano gli interrogativi sulle conseguenze di ciò sullo sviluppo psichico e cognitivo (Carr, 2011; Gallelli, Annacontini, 2011; Ferri, 2011).

Crediamo sia importante chiudere questo paragrafo con i preoccupanti risultati delle ricerche Nielsen, secondo cui gli italiani sono tra i più pronti al mondo ad abbracciare le nuove tecnologie, ma sono anche tra i più veloci nell'allontanarsi dai libri e dai giornali.

3.4. Il mercato

Un altro decisivo fattore di mutamento, forse il più irresistibile, è il mercato. Come si è visto in precedenza, è molto difficile stabilire primati e cause prime, e quindi definire se sia il mercato a modificare la società e i consumi delle persone o se sia invece l'evoluzione della società, in senso ampio, a orientare le direzioni che prende il mercato e quindi anche i gusti delle persone. I mass media, lo si è scritto più volte, sono tante cose e tra queste un prodotto da vendere. Osservarne la lunga storia come prodotto da vendere può insegnarci moltissimo, facendoci capire quanto la componente commerciale possa influenzare, modificare i contenuti veicolati e le forme dei media.

Come si vedrà, molti dei passaggi più significativi sono avvenuti negli ultimi trent'anni, in coincidenza con importanti modificazioni nella struttura del mercato editoriale, e più in generale del capitalismo. In questo torna fondamentale la distinzione tra le due tradizioni, anglosassone e continentale. In entrambe i media sono considerati uno strumento indispensabile per la formazione dell'opinione pubblica, e in entrambe c'è sempre stata una grande consapevolezza del loro potere politico, economico e religioso. La tradizione anglosassone, però, è stata ed è lo specchio di un sistema di valori più mercantile, più commerciale, più pragmatico, il che ha significato che la stampa ha dovuto rispondere soprattutto a criteri economici. Nella tradi-

zione continentale, invece, il valore della resa commerciale è stato sì importante, ma ha spesso ceduto il passo ad altre funzioni, di ruolo politico, di pressione economica, di opinione e cultura, e non a caso la stampa è stata spesso sussidiata dallo Stato. Il termine "mercato", tuttavia, è troppo generico, e va dunque precisato cosa si intenda.
Ci sono alcuni elementi che devono essere approfonditi per avere un'idea più chiara: l'industria dell'intrattenimento, la struttura del mercato editoriale, la pubblicità e il marketing. Come sempre c'è uno stretto collegamento tra i diversi elementi.

3.4.1. L'industria dell'intrattenimento La Scuola di Francoforte aveva coniato l'espressione "industria culturale" per concettualizzare quel sistema di traduzione, di trasformazione dei prodotti artistici e delle opere d'arte in merce, in beni di consumo di massa. Oggi si parla di industria dell'intrattenimento, un'espressione che ha una connotazione persino peggiorativa rispetto a industria culturale, e sta in qualche modo a indicare la dimensione sempre più di evasione che ha preso l'occupazione del tempo non lavorativo. Dagli anni trenta ai giorni nostri il paesaggio è completamente mutato. Oggi l'industria che si occupa delle attività che riguardano il tempo libero è una componente primaria delle nostre economie, è divenuta essa stessa una cospicua fonte di occupazione. La società contemporanea viene definita "società dell'informazione", la tecnologia non fa che sfornare strumenti sempre più comodi e raffinati per comunicare, tanto che oggi è addirittura difficile dividere le nostre giornate in tempo per il lavoro, tempo per le attività fisiologiche e tempo libero. Sono molto più interdipendenti, e la comunicazione e i suoi strumenti pervadono la nostra vita.
All'interno di questi tempi, in molti casi nel cuore, ci sono l'informazione, l'intrattenimento, la cultura. Per orientarsi, l'industria culturale o dell'intrattenimento può essere così suddivisa: *a*) le *industrie creative*: cinema, audiovisivi, fotografia, musica, editoria letteraria e videogiochi; *b*) le *industrie dello spettacolo*: lirica, musica classica, musica leggera, teatro, circo e arti della strada; *c*) l'*industria del design e della cultura materiale*: made in Italy, prodotti agroindustriali e gastronomici (Santagata, 2007, p. 90).
Solo per dare altre unità di misura: il Libro Verde 2011 sulle industrie

culturali e creative in Europa parlava di 6 milioni di persone impegnate nel settore, 654 miliardi di profitti, una quota di PIL tra il 4 e il 7%. Tutte cifre che ci fanno capire come l'industria abbia risposto a quei cambiamenti di cui si parlava nel paragrafo 3.3.

3.4.2. La struttura del mercato editoriale Un altro elemento assolutamente centrale riguarda le modificazioni del mercato editoriale, la struttura che ha assunto negli ultimi decenni. Si è assistito a una concentrazione crescente, a una tendenza all'oligopolio, alla

L'industria della comunicazione e l'industria culturale
Secondo il Rapporto IEM (Istituto di Economia dei Media) 2011 della Fondazione Rosselli, nel 2010 l'intera industria della comunicazione italiana – che include ICT (informatica e telecomunicazioni), editoria, pubblicità, Internet, televisione, home video, videogiochi, radio, cinema ecc. – aveva un bilancio di circa 95 miliardi di euro. Nel 2007 era superiore ai 100 miliardi, nel 1987 erano 28,6. Negli ultimissimi anni i numeri sono in calo, l'erosione colpisce soprattutto musica e home video. Sono cifre enormi, ma inferiori a quelle degli altri grandi paesi europei, che investono nel settore molto più di noi, e degli Stati Uniti. Tra i grandi noi siamo gli ultimi in quasi tutti i settori delle comunicazioni; l'unica eccezione è la pubblicità televisiva.
Secondo il rapporto 2012 Unioncamere e Fondazione Symbola l'industria culturale italiana vale 76 miliardi di euro, il 5,4% del PIL, in decisa crescita rispetto ai dati del rapporto 2011, e dà lavoro a 1,4 milioni di persone, il 5,6% dell'occupazione totale (in calo rispetto al 2011). L'industria culturale in senso stretto, che include editoria e spettacolo, vale 40 miliardi l'anno, il 2,6% del PIL, in Gran Bretagna vale 73, in Francia 64, in Germania 61.
Molto simili i dati del Rapporto Federculture 2012, che aggiunge che il contributo delle industrie culturali e creative al PIL europeo è stimato pari al 4,5%, gli occupati al 3,8%. Le famiglie italiane spenderebbero il 7,4% del loro bilancio per istruzione culturale e tempo libero, un dato in crescita.
Negli altri grandi paesi europei spendono più del 10%.

formazione di conglomerate editoriali che posseggono tanti e diversi media. Nella storia della stampa americana la tendenza all'oligopolio c'è sin dagli albori. Però a partire dagli anni novanta la concentrazione del potere è cresciuta, e adesso l'industria culturale è nelle mani di poche grandi compagnie, che posseggono case di produzione e distribuzione cinematografica, case editrici, televisioni, giornali, etichette discografiche, e diffondono i loro prodotti con le nuove panoplie, fatte di vettori e contenuti (Richeri, 2012).

Spesso chi trasmette e chi ha i contenuti sono la stessa persona. Ciò ha determinato effetti importanti. Oggi le catene controllano circa il 75% della *circulation* americana. Nel mondo i sette maggiori gruppi multimediali assorbono l'80% dei guadagni dell'industria dell'intrattenimento e buona parte dell'industria editoriale. Si tratta di aziende multinazionali produttrici e distributrici di *entertainment* in grado di creare, promuovere e distribuire i prodotti su diverse piattaforme. Solo per fare un paio di esempi, e senza poter citare l'intero portafogli, Time Warner possiede 24 canali TV, tra cui la CNN, una radio, 101 organi di stampa di cui 74 magazine, un gruppo di produzione musicale e un gruppo, immenso, di produzione cinematografica. La News Corporation di Murdoch controlla oltre 170 giornali nel mondo, possiede grandi quotidiani inglesi e americani (tra cui "Times", "Sun", "Wall Street Journal", "New York Post"), Sky, Fox, TV e grandi giornali in America, case editrici, decine di giornali e riviste in Australia, 10 case cinematografiche tra cui la 20th Century Fox, e non è che una parte.

Anche in Europa non mancano le conglomerate: Bertelsmann, Lagardère, ma anche Mondadori, RCS ecc. Sono gruppi quotati in borsa, gli azionisti pretendono crescita di valore, sono poco interessati all'eccellenza giornalistica o allo sviluppo delle virtù civiche. Le industrie creative americane sono ampiamente finanziate dai fondi di investimento e sono dunque molto sensibili alle variazioni di mercato (Martel, 2010, p. 63). Altro punto importante è che queste conglomerate riescono a fronteggiare anche la frammentazione dell'audience e continuare a offrire ai pubblicitari un pubblico di massa. Attraverso la panoplia di cui si parlava, infatti, aggregano prodotti molto diversi e li vendono ai pubblicitari come pacchetto.

Si diceva dei rischi. Se il proprietario di un giornale è anche comproprietario di una casa di produzione cinematografica o di una casa editrice, o lo sponsor principale di una manifestazione, è alta la probabilità che le pagine culturali del giornale ospitino libri o eventi del gruppo. Un esempio: Murdoch è proprietario della casa editrice HarperCollins che ha pubblicato una laudatoria biografia di Deng Xiaoping scritta dalla figlia e ha annullato il contratto per le memorie dell'ex governatore di Hong Kong, Chris Patten, non proprio tenero con i cinesi. Murdoch ha ottenuto il permesso di trasmettere in Cina la sua Star TV System nonché di acquistare una parte del giornale "People's Daily". La stampa inglese si è molto irritata. L'unico a tacere, guarda caso, è stato il "Times", che è di Murdoch. Ma pensiamo agli attori che per contratto con la casa di produzione sono tenuti a rilasciare una serie di interviste. Se il proprietario della casa di produzione è lo stesso proprietario del giornale, è assai probabile che il cerchio si chiuda con un'intervista a tutta pagina all'attore in questione. Editori e giornalisti sono consapevoli che il cinema, e più ancora le sue celebrità, porta pubblicità e fa vendere copie. E quindi aumenta lo spazio.

Qual è il confine tra cronaca e pubblicità? Il "Guardian" è lo sponsor del festival musicale di Glastonbury e del festival letterario di Hay-on-Wye, che a loro volta vengono generosamente ospitati sul quotidiano. È ovvio che sulle recensioni, ma più in generale sul modo di trattare l'evento, cali il sospetto. Ovviamente è un nodo critico che non riguarda solo il mondo anglosassone. Pensiamo a un caso spagnolo: il severo critico del "País", Ignacio Echevarría, allontanato a suo dire con motivazioni pretestuose dopo aver stroncato un romanzo di Bernardo Atxaga, pubblicato da una casa editrice appartenente al gruppo PRISA (Grupo Promotora de Informaciones, Sociedad Anonima), editore del "País".

Altro rischio, quello di una certa tendenza all'omologazione culturale. Il panorama è così ampio da concedere spazio anche agli eccentrici, ai dissenzienti, all'innovazione o è un falso ampliamento, considerato che l'industria culturale – come sostiene qualcuno – è intimamente conservatrice? Se si punta, come ha scritto un noto giornalista inglese, Bob Franklin, a ciò che interessa il pubblico e non

a ciò che è di pubblico interesse, l'inevitabile risultato è la crescita della quantità di frivolezza, di intrattenimento leggero.
E l'Italia? Gli anni novanta hanno rappresentato un momento importante: molte imprese hanno deciso di puntare sulla trasformazione in gruppi editoriali. Il caso tipico è quello del gruppo De Benedetti-Caracciolo, proprietario di Repubblica-Espresso, che è adesso un piccolo impero editoriale. Anche da noi è molto forte la *cross media ownership*, la proprietà di media differenti, pensiamo per tutti a Mediaset. Mondadori possiede il 29% del mercato librario e il 38% del mercato dei periodici. Il "Corriere della Sera" è di proprietà del gruppo RCS, che detiene anche case editrici. I primi sei gruppi (RCS, Repubblica-Espresso, Poligrafici, Caltagirone, Il Sole 24 Ore e La Stampa) totalizzano circa i due terzi dell'intera diffusione. In una ricerca di qualche anno fa emergeva una sensibile tendenza dei giornali a recensire soprattutto titoli di case editrici dominanti (Santoro, 1998), tendenza acuitasi negli ultimi anni (Vannucchi, 2011). Quanto dicevamo a proposito della proprietà incrociata nel mondo anglosassone vale sempre di più anche da noi. Quanta fiducia posso concedere alla recensione di un libro pubblicato da una casa editrice che fa parte dello stesso gruppo che edita il quotidiano? In Italia si sconta anche un problema di filiera, con gruppi editoriali che sono editori, distributori e librai, fattore che certo non aiuta la concorrenza.
Come si diceva nell'*Introduzione*, però, la scena appena descritta sta cambiando sotto i nostri occhi: Internet e le nuove tecnologie hanno reso possibile l'affermarsi di nuovi attori, i giganti dell'information technology, Apple, Amazon, Facebook, Google, tutti provenienti dall'ovest degli Stati Uniti, che stanno portando innovazione, concorrenza e abbassamenti di prezzo, e anche preoccupazione, rischi di oligopolio. Per un quadro generale rimandiamo ai dati del Pew Research Center's Project for Excellence in Journalism, con la ricchissima banca dati dello *state of the news media*.

3.4.3. La pubblicità e il marketing Come accennato in precedenza, la pubblicità abita le pagine culturali sin dagli albori della stampa. È dalla seconda metà del XVII secolo che gli editori pubblicizzano i loro libri sui giornali. Ma allora erano finestrelle in un contesto soprattutto editoriale, mentre oggi la pubblicità è l'anima della stampa. La versione moderna nasce alla fine del XIX secolo, figlia della stampa industriale, di massa. Prima si è scritto che è dal secondo dopoguerra che decolla la cultura dei consumi, ma diversi storici concordano sul fatto che è a partire dal 1880 che si assiste a un mutamento dei modelli di consumo americani; già allora si espandono in modo sensibile i cosiddetti beni di consumo.

La pubblicità fa da volano al processo. Negli USA negli anni trenta era la fonte di quasi il 100% delle entrate delle radio. Negli Stati Uniti e in Gran Bretagna il peso della pubblicità per la sopravvivenza dei giornali è stato decisivo. In America il 70-80% delle entrate dei quotidiani arriva dalla pubblicità. Il volume editoriale e la struttura stessa delle pagine dipendono dal volume di pubblicità, la vendita di pubblicità dalla diffusione, la diffusione dalla capacità di attrarre lettori. Di qui il fatto che i giornali che vendono di più sono in genere anche i giornali più corposi.

Nel disegnare la pagina la priorità spetta alle inserzioni. Nel 1986 i 46 giornali più importanti degli Stati Uniti avevano in media il 38% dello spazio del quotidiano occupato dalla pubblicità. All'inizio del nuovo millennio si era attorno al 30%, oggi è in calo per via della crisi della stampa cartacea.

Senza pubblicità alcune categorie di giornali semplicemente non esisterebbero. In Gran Bretagna nel 1970 i quotidiani nazionali prendevano circa il 50% delle loro entrate dalla pubblicità, nel 1995 i due quinti, nei tardi anni duemila si era tornati attorno al 50%, oggi è di nuovo in calo. È indicativo che i crolli del mercato pubblicitario con le crisi economiche degli ultimi anni abbiano portato alla chiusura o al restringimento di molti giornali e riviste americani e inglesi. Formato, ampiezza e – ed è il punto che più ci interessa – contenuto dei giornali britannici sono largamente dipesi dalle entrate pubblicitarie. Lo sviluppo delle sezioni finanziarie, ad esempio, è sì dovuto all'interesse di un crescente numero di investitori ma anche, forse soprattutto, al boom di domanda di spazi pubblicitari degli anni sessanta. È nel mondo anglosassone che si sviluppano gli inserti del fine settimana, a cominciare dagli Stati Uniti. Lo si accennava in precedenza,

negli anni sessanta e settanta le donne iniziano a entrare massicciamente nel mercato del lavoro, si emancipano dal punto di vista economico, e più in generale cresce la disponibilità di denaro familiare e la consapevolezza, la volontà – figlia di edonismo e individualismo – di usufruire al meglio del proprio tempo libero, viaggiando, facendo sport, coltivandosi tramite il turismo culturale.
Si fa reciprocamente proficuo il rapporto tra arte e commercio. In questo contesto i grandi giornali americani cominciano a investire nelle sezioni Arts & Entertainment e Arts & Leisure, che trovano la loro apoteosi nell'inserto del fine settimana, decisamente ben accolto dai pubblicitari. È qui che a partire dagli anni ottanta si assiste a una segmentazione del mercato, alla cosiddetta targettizzazione dei lettori, una tendenza direttamente ispirata dagli uffici pubblicità e marketing. C'è una corposa crescita della foliazione, frutto principalmente dell'aumento della presenza pubblicitaria. Una crescita – ed è un punto che bisogna sottolineare – alla quale non corrisponde un aumento del tempo di lettura. Diversi studi hanno mostrato come resti sostanzialmente lo stesso. Il che significa che il lettore seleziona di più. Il risultato è che i giornali si sezionalizzano, il pubblico dei lettori viene segmentato.
Quanto ai contenuti, il dato più rilevante e scontato è la crescita delle *features*, prodotto diretto dell'esaudimento dei desideri dei lettori (cfr. riquadro di approfondimento), a scapito delle *hard news*. Sui maggiori media la percentuale di notizie "pure" passa dal 52% del 1977 al 32% del 1997, a vantaggio di gossip, *celebrities* e cronaca leggera.
Secondo la più recente American Newspaper Survey oggi le cose vanno un po' meglio, nel senso che a fronte di una grafica molto colorata e mossa, c'è una resistenza e persino una crescita delle *hard news*. C'è una sorta di ritorno alla differenziazione delle notizie, alle sezioni separate, a discapito del *pot-pourri* degli anni ottanta e novanta.
Nel caso di certi inserti particolarmente commerciali i giornalisti sono stati spossessati del controllo a vantaggio dei responsabili del marketing. Se si vanno a leggere le graduatorie degli eventi più coperti dai media nel settore Arts & Media, ai primi posti si trovano sempre vicende cinematografiche o televisive.
Nel Regno Unito, a partire dagli anni sessanta le *features* diventano

una vera manna per i pubblicitari, che in sostanza finiscono per imporre molte pagine di viaggi, *style*, *resorts*, motori. Convivono, nella stessa pagina, articoli e pubblicità sugli stessi oggetti. E cominciano a diffondersi i supplementi speciali, dedicati a un certo settore.

L'inserto, il supplemento, in inglese la *review*, il *magazine*, sono prodotti antichi in Gran Bretagna. Sono infatti la nota più caratteristica delle celebri edizioni domenicali, *in primis* quella del "Times", corposissime raccolte di sezioni disparate. Storicamente l'edizione domenicale dei grandi quotidiani inglesi ha sempre contenuto pagine in più rispetto all'edizione feriale, ma è a partire dagli anni sessanta, sull'onda americana, che il giornale comincia a sezionalizzarsi; in quegli anni appaiono i primi supplementi a colori.

Negli anni novanta, anche per via della battaglia dei prezzi, le edizioni del sabato cominciano a "ingrassare". Sono giornali elaborati, pieni d'inserti, vendono in genere di più che negli altri giorni della

Le *features*

Tradizionalmente all'interno dei grandi quotidiani anglosassoni c'è il Features Department. È un settore che include un universo vasto e vago, che va dalla cosiddetta cronaca bianca al colore, allo showbusiness, alle storie, ai profili, alla scienza, al diritto, all'educazione, al giardinaggio, alla cucina, ai viaggi, alle vacanze, ai cruciverba, agli oroscopi. Include anche spettacolo e cultura.

I manuali di giornalismo sono piuttosto univoci. La categoria *features* assorbe tutto. All'interno di questa cannibalesca creatura si fa tra l'altro rientrare anche il cosiddetto *new journalism* di importanti scrittori americani come Wolfe, Talese, Capote e Mailer, singolare commistione di cronaca e narrativa, realtà e fantasia, che spopolò sulle riviste americane specie negli anni sessanta (Bertoni, 2009). E di cui in fondo sono eredi diversi scrittori di oggi, pensiamo per tutti al nostro Roberto Saviano.

È un'area – quella delle *features* – in cui non è facile trovare un minimo comune denominatore, dal momento che le materie trattate sono spesso molto diverse l'una dalle altre. Forse ad accomunarle c'è la differenza dalle notizie pure, le *hard news*. Al contrario che in quest'ultime – ma non sempre è così – nelle *features* è presente il punto di vista, l'opinione.

settimana. Questo processo – la sezionalizzazione, l'ampliamento negli anni novanta – coinvolge soprattutto i *broadsheet papers*, ma anche i tabloid. "Guardian" e "The Independent" prima, "Times" dopo, avrebbero finito per combinare una parte principale *broadsheet* e una tabloid con le *features*. È un passaggio decisivo, al quale non sono certo estranei gli uffici pubblicitari. Dietro c'è senz'altro una maggiore sensibilità verso un lettore medio più complesso e con più interessi, ma la matrice è la pubblicità. L'inserto specificamente dedicato è più che adatto a una pubblicità mirata. I magazine a colori possono ospitare fotografie pubblicitarie molto efficaci. Negli anni duemila i siti dei quotidiani britannici erano precisissimi nel dare ai potenziali investitori tutte le caratteristiche delle diverse sezioni del giornale, il prezzo per la pubblicità, il numero di lettori per ciascuna sezione, e anche la percentuale di chi legge l'inserto rispetto al numero generale degli acquirenti del quotidiano. Il dato che colpiva è che praticamente tutti includevano la sezione Arts nel più generale comparto Entertainment, che si occupava di generi e prodotti più popolari e quindi attraeva più pubblicità. Qualche anno prima c'era anche l'offerta di spazi pubblicitari nelle sole sezioni Arts e Culture, ed erano tra gli spazi più economici. Oggi l'offerta è per così dire più grezza, meno dettagliata, ed è, crediamo, il sintomo di una stagione critica per la pubblicità sulla stampa.

Ci sembrerebbero naturali alcune considerazioni. La pubblicità dipende dal numero e dal profilo dei lettori. Esiste ovviamente una gerarchia nei gusti del pubblico, che vede ai primi posti le notizie, i "pezzi" sul cinema, sulla televisione, sulle celebrità. Per continuare ad attrarre pubblicità bisogna rispondere a questa domanda ed è dunque fisiologico che l'Arts & Entertainment finisca per essere dominato da questi settori.

Ma questa rischia di essere un'analisi superficiale. Sulla stampa di qualità non conta solo il numero, c'è anche il fattore prestigio sociale, e qui tornano utili le riflessioni di Bourdieu. Alcuni quotidiani debbono trovare il punto d'incontro tra lettori con un ricco portafoglio e orientamento alla spesa, e lettori che pur non essendo particolarmente abbienti hanno un ricco capitale culturale e dunque un peso notevole nella vita della società. Pensiamo agli insegnanti.

Lettori che in sostanza comprano e leggono il giornale soprattutto perché ci trovano notizie e articoli che danno forza al proprio status sociale, e dei quali il giornale non può fare a meno. Parliamo di pezzi sui libri, sulle mostre, sul teatro, sulla musica classica. In sostanza per un quotidiano la strategia più ragionevole sembra andare verso una biforcazione: da una parte gli inserti ibridi, che ospitano per la maggior parte cultura popolare ma anche pezzi di cultura alta, e che attraggono lettori e pubblicità, dall'altra parte inserti specializzati, poco letti ma destinati a nicchie precise e importanti. In fondo è quanto sta accadendo nel mercato televisivo. Quanto all'ibridismo di questi inserti, esso può assumere natura diversa. Può essere un prodotto che al suo meglio è un *omnibus* dove si fiancheggiano, descritti con una distanza antropologica, magari ironica, i fenomeni della cultura contemporanea, e al suo peggio un *pot-pourri* dove, caduto ogni recinto, tutto equivale a tutto in un lago di brillante superficialità.

Altri interrogativi importanti: quanto conta la parola dell'ufficio pubblicità? In quale misura la pubblicità influenza il contenuto editoriale? All'orizzonte si intravedono due ordini di problemi. Il primo legato al settore di investimento pubblicitario. Un esempio: l'industria cinematografica è ricca e potente, ed è dunque fisiologico che il cinema faccia la parte del leone negli inserti Arts & Entertainment. Il secondo legato in modo più specifico ai singoli investitori, nel senso che è probabile che un grande gruppo editoriale che investe molto in pubblicità riesca a far passare sui giornali molti dei suoi prodotti. E tuttavia anche qui l'analisi va approfondita. Aumentare il contenuto editoriale che piace alla maggioranza dei lettori, attraendo di conseguenza pubblicità, può portare anche a un aumento della foliazione e, teoricamente, alla possibilità che trovino spazio notizie o argomenti in precedenza esclusi. Dal 1975 a oggi in media tutti i quotidiani hanno duplicato il numero di pagine.

Sarebbe sbagliato, inoltre, dedurre automaticamente che la pubblicità vada a discapito della qualità. Non sempre è così. Ci sono, più negli Stati Uniti che in Gran Bretagna, riviste di ottimo livello cariche di pubblicità, il "New Yorker" o l'"Atlantic Monthly", ad esempio, neppure paragonabili con altre, come il "National Enquirer", che vi-

vono essenzialmente di vendite. È una questione, lo abbiamo detto più volte, di profilo dei lettori. Lo stesso discorso vale per i giornali, "New York Times" e tabloid.
Altro fattore decisivo, strettamente collegato alla pubblicità, è il marketing: per attrarre pubblicità contano numeri e profili. Ecco, dietro i grandi cambiamenti, o per meglio dire il continuo evolversi, ritararsi, c'è soprattutto la consapevolezza della complessità del pubblico dei lettori. In America le ricerche sulla *readership*, sul target dei lettori, sono raffinatissime, è un'abitudine che risale a molti decenni fa, se non all'inizio del secolo, anche se quelle davvero serie, come strumenti, indicatori e ambizioni, vanno fissate agli inizi degli anni sessanta. Per i quotidiani americani la *readership* è più importante della diffusione e, buon per loro, in questi anni il numero di lettori è calato meno delle copie vendute.
Due terzi dei 150 quotidiani più diffusi acquistano dall'Audit Bureau of Circulation i profili dei loro lettori. Il Readership Institute della Northwestern University di Chicago ha portato avanti una ricerca di cinque anni sponsorizzata lautamente dall'industria privata, che ha permesso anche di stilare il Reader Behavior Score, un indice che indaga sul profilo dei lettori ma anche sul loro modo di leggere il giornale.
Stessa attenzione da parte dei britannici. Queste ricerche vengono effettuate di continuo. Difficilmente vengono rese pubbliche, ma come si diceva ogni quotidiano mette o metteva a disposizione sul proprio sito il profilo dettagliato dei suoi lettori, con classificazioni in base al lavoro, al sesso, all'istruzione, all'età, al luogo di residenza, al tipo di casa in cui abitano, alla tendenza al consumo, a come spendono i soldi, a che tipo di programmi televisivi guardano, a che tipo di riviste leggono, a quanto usano Internet, a quante volte vanno a mangiare fuori, si recano al cinema o a teatro e a quanti libri acquistano all'anno, e fa queste operazioni per le edizioni settimanali, per quella del sabato, per quella della domenica e per i magazine.
Se questo è il panorama, viene da chiedersi quanto resti dell'indipendenza editoriale di fronte alle pressioni dell'ufficio pubblicità e dell'ufficio marketing. I giornalisti in generale assicurano di aver conservato l'autonomia, ma certo si lavora gomito a gomito, ci si par-

la, e dei dati si finisce per tener conto. Alcuni giornalisti lamentano un atteggiamento troppo meccanico verso i lettori, figlio dei bisogni pubblicitari, che rischia di impoverire il prodotto, ma in realtà sembra improbabile che il giornale possa diventare un prodotto diviso in aree impermeabili. Il mercato è troppo frammentato, l'offerta è tale che i gusti dei lettori diventano imprevedibili, poco scontati, come se ci fossero infinite nicchie di cui tener conto. La speranza è quella di fornire un prodotto talmente onnicomprensivo da accontentare tutti. In un quotidiano, è il pensiero di molti, la tradizionale distinzione tra alto e basso ha ormai poco senso. Pochi hanno una vita "estetica" a compartimenti stagni.

Se questo è il discorso di fondo, va detto che anche nel campo della pubblicità l'impatto della Rete è stato enorme. Come si vedrà più avanti l'imporsi di Internet nella vita, nelle abitudini, nei consumi mediatici delle persone ha coinciso con anni di arretramento degli investimenti pubblicitari, specie nella carta stampata. I dati della Newspaper Association of America sono impressionanti. La curva degli investimenti cresce dal 1950 al 2000, quando tocca 63,5 miliardi di dollari. Poi comincia a scendere e va in picchiata con la crisi, nel 2008, quando precipita ai livelli degli anni cinquanta, e lì resta: nel 2011 siamo a 22,6 contro i 20 miliardi del 1950 (attualizzati con l'inflazione). L'unico dato positivo è la crescita della pubblicità online, passata dai 2,7 ai 3,2 miliardi di dollari tra il 2006 e il 2011.

La Rete permette di avere un profilo estremamente dettagliato dei gusti del pubblico; il grosso dei siti di informazione ha ormai le classifiche degli articoli, dei video, delle inserzioni più cliccate, degli argomenti di maggiore dibattito, il che da un lato è un servizio per l'editore e gli inserzionisti, dall'altro un rischio per la qualità dell'offerta, perché si accentua il pericolo che si punti di più sui temi facili, popolari, modaioli, pruriginosi, che storicamente sono spesso i più letti, visti e ascoltati.

Veniamo all'Italia. La pubblicità è stata ovviamente una componente importante anche nei quotidiani italiani, sin dalle origini. Anche da noi influenza profondamente lunghezza e struttura del giornale. Pensiamo alla tendenza sempre più generale verso un giornale a colori, che è funzionale a una migliore resa visuale delle inserzioni.

Ci sono studi che dimostrano in modo chiaro il rapporto diretto tra foliazione e pubblicità. Le pagine, a parità di testo, crescono di pari passo con l'aumentare delle colonne di pubblicità. In Italia i giornali vivono in media per il 47% con la pubblicità, per il resto con le vendite. Alcuni giornali stanno sopra il 50% ("Corriere della Sera", "la Repubblica", "La Stampa", "il Giornale", "Il Messaggero", ma anche "Giornale di Sicilia"), altri sotto il 10% ("l'Unità", "il manifesto"). La stampa di partito ha percentuali bassissime. Negli anni del successo degli allegati le percentuali si sono modificate, è calata la percentuale di ricavi da pubblicità, è cresciuta – in alcuni casi moltissimo – la percentuale di ricavi da vendita di allegati. Come si è visto, sembra però una stagione esaurita.
La crisi ha provocato un calo netto delle inserzioni pubblicitarie. Nel 2012 la pubblicità è scesa di circa l'8% rispetto all'anno precedente. Dal 2008 la stampa è scesa del 17,3%, la televisione del 12,1%, la radio dell'8,5%, il cinema del 26,1%. Solo Internet è cresciuto (+12,4%). C'è da dire però che l'incidenza totale dei ricavi digitali sul fatturato delle aziende editoriali non ha superato il punto e mezzo percentuale (Rapporto FIEG sull'industria dei quotidiani in Italia, 2012). Il business complessivo è stato di poco superiore agli 8 miliardi.
Non si può però parlare di pubblicità in Italia senza una premessa importante. L'ordinamento giuridico italiano, a differenza di altri ordinamenti europei, non prevede vincoli asimmetrici nella distribuzione delle risorse pubblicitarie, non ha cioè alcuna protezione degli investimenti pubblicitari nella carta stampata rispetto a quelli della TV. Risultato: da noi la parte del leone la fa la televisione. La TV ospita la pubblicità sin dal 1957, ma conosce uno spartiacque tra la metà degli anni settanta e l'inizio degli anni ottanta, tra la dissoluzione del monopolio RAI e il consolidamento delle TV commerciali. Nel 1970 i quotidiani intercettavano il 30% di tutta la pubblicità, i periodici il 34%, la TV il 12, la radio l'8%. Appena dieci anni dopo le percentuali erano stravolte. Nel 2012 la TV sta al 52,5%, la radio al 5,7%, i periodici all'8,9%, i quotidiani all'11,3%, il cinema allo 0,4%, Internet al 15,3%. In Gran Bretagna la stampa cattura il 45% contro il 28% della TV, in Germania il 69,3% contro il 22%. Sui nostri livelli di distribuzione in Europa ci sono solo Portogallo, Polonia e Romania.

In generale, nel campo degli investimenti pubblicitari l'Italia è indietro rispetto alle grandi nazioni europee. I primi due paesi d'Occidente sono largamente Stati Uniti e Regno Unito.
Quanto allo spazio di giornale destinato alla pubblicità è in genere intorno al 30% dello spazio totale nei quotidiani d'opinione, e intorno al 20% per quelli sportivi. Ma le percentuali variano molto a seconda dei quotidiani.
Ci sono peraltro tetti di affollamento, frutto di accordi tra editori e sindacato. La preoccupazione, da parte dei giornalisti, è che un eccesso di inserzioni possa ingenerare un effetto negativo nei lettori.
Quanto all'influenza della pubblicità sui contenuti delle pagine culturali, nei grandi giornali c'è in generale una negoziazione quotidiana, nel senso che ogni giorno l'ufficio pubblicità comunica alla redazione culturale quanta pubblicità c'è e si procede di conseguenza. È comunque un rapporto elastico, episodico, in cui non c'è un elemento che prevalga sull'altro, ci si accorda ed eventualmente si sposta la pubblicità al giorno successivo. La stessa cosa avviene nei giornali a medio-bassa tiratura: i redattori culturali si pongono giorno per giorno di fronte al timone e a seconda della pubblicità riempiono la pagina.
Praticamente nulla, poi, la presenza sui giornali di partito o su quelli di nicchia, anche di forte identificazione. In alcuni di essi l'ufficio pubblicità non esiste. A queste osservazioni va aggiunto un dato importante: i giornalisti culturali sostengono di non subire alcun tipo di influenza da parte dell'ufficio pubblicità. D'altra parte non si deve dimenticare da dove veniamo. In molti quotidiani fino a pochi anni fa si preferiva non mettere pubblicità nelle pagine culturali, per una forma di rispetto. In generale le pagine culturali attirano meno pubblicità delle altre, in particolare di quelle dello spettacolo.
Il rapporto tra pubblicità e presenza della cultura è quindi decisamente meno stretto che tra gli anglosassoni, e tuttavia è tutt'altro che assente. La foliazione dell'intero giornale dipende dalla presenza pubblicitaria, ma le pagine culturali sono tra le prime a essere tagliate, come accaduto durante la crisi che si è aperta nel 2008. Ma sono istruttive anche le vicende degli inserti culturali, degli inserti libri, che sovente hanno avuto vita breve. I rapidi tramonti sono spesso

attribuibili all'incapacità di attrarre pubblicità. Non vanno inoltre dimenticati i supplementi redazionali a pagamento mascherati da "pezzi" normali, di solito dedicati a mostre o festival, operazioni considerate piuttosto ambigue (Kerbaker, 2008, p. 177).

Quanto alle ricerche di mercato, e alla loro influenza sui contenuti, colpisce la distanza tra acquisizioni teoriche e pratica, tra approcci e risultati. Le ricerche sono cominciate almeno un decennio più tardi rispetto agli Stati Uniti e hanno proceduto a rilento. Nonostante ciò, ormai da qualche anno le indagini sui profili sono piuttosto accurate. Ma poco accade. Nel nostro paese non tutti i quotidiani commissionano ricerche. I risultati di queste ultime, oltretutto, hanno spesso uno scarso riverbero sulle scelte redazionali. Nei quotidiani più piccoli il giornalista culturale ha spesso difficoltà a capire chi è il suo lettore, e procede come un secolo prima, a intuito, ma anche nei giornali maggiori, che in teoria conoscono nel dettaglio l'identikit del lettore tipo, l'agenda resta nelle mani dei giornalisti: sanno chi li leggerà ma agiscono in pressoché totale libertà. Molto scarsi i rapporti con l'ufficio marketing e pubblicità. I gruppi più grandi, Mondadori, RCS e Repubblica-Espresso, promuovono indagini *ad hoc* per l'uscita di particolari inserti, lanci o rinnovamenti di prodotti editoriali, hanno un sistema di offerta agli inserzionisti basato su pacchetti di prodotti editoriali simili e sul numero di contatti di ciascun pacchetto, ma il settore culturale ancora una volta si distingue, le novità sono spesso pure e semplici scommesse giornalistiche, indipendenti da qualsiasi previa ricerca di mercato.

Ma torniamo per un momento sulle *features* anglosassoni perché, oltre a essere funzionali alla pubblicità, hanno influenzato forma e contenuti dei quotidiani. La grafica ha assunto negli ultimi decenni un'importanza assolutamente centrale nella vita del giornale, ed è in particolar modo nelle pagine di *features* che si assiste al fantasioso sbizzarrirsi di titolisti, grafici, fotografi. Negli anni la ricerca stilistica che ha caratterizzato quest'area è per così dire tracimata altrove, anche nella prima pagina del giornale, fino a meritarsi l'accusa di una progressiva "featurizzazione" del giornale, con una rilevante crescita di profili e storie individuali, un tempo terreno di caccia dei tabloid. Al centro della scena si è assiso lo showbusiness, l'informazione, o per meglio dire il gossip, scritto e soprattutto visuale, relativo alle celebrità, ai protagonisti del mondo dello spettacolo. Tutto ciò non è stato privo di conseguenze per quella che tradizionalmente definiremmo cultura "alta". Come si è già detto, la cultura non ha mai avuto il solido recinto protettivo al quale siamo abituati noi in Italia. Si è esposta a rischi obiettivi: assumere in parte le sembianze dello showbusiness o annegare in un mare di cultura popolare, vedere ridotto il suo spazio o essere confinata in inserti specifici che la esaltano ma la isolano.

Negli ultimi due decenni la pressione del mercato si è fatta inesorabile, e gran parte dei giornali si è adeguata alle richieste dell'ufficio marketing. Le ricerche della metà degli anni novanta indicavano chiaramente che nelle pagine culturali lo spazio dedicato al pop aveva superato quello dedicato all'opera e al balletto. Dovrebbe essere una mera questione di numeri. Quante persone assistono ai concerti di musica classica o vanno all'opera, o a spettacoli teatrali di ricerca che spesso, tra l'altro, fanno pochissime o punto repliche? Vale la pena dedicare loro spazio? Alcune trasformazioni sono indicative. Un tipo di pezzo spesso presente sulla stampa britannica, creatura piuttosto recente, è la *preview*, anticipazione dell'evento. Con le interviste e le *previews* si cammina su un crinale sottile, in cui si può facilmente sconfinare nella pubblicità.

Anche il modo di parlare dei libri ha subito una trasformazione. Spesso si cerca di attirare l'attenzione del lettore con notizie sulla vita dell'autore, con il risultato che lo spazio per recensire e parlare del contenuto dei libri si riduce. È la vita dell'autore che interessa, più del libro, tipico meccanismo giornalistico per attrarre lettori. Oggi la recensione, molto più di ieri, è connessa con qualcos'altro: fotografie, interviste, magari legami con altri inserti del giornale. Anche il sistema dei premi serve a personalizzare, a creare personaggi e divismo.

Risultato di questo insieme di fattori è che non c'è più un vero confine per i libri, oggi si assiste a una "featurizzazione" del libro, a una commistione che non sempre i redattori culturali prendono bene. La loro è una lotta per conservare spazio e trovare modi per permettere ai libri di somigliare a libri e non a qualcos'altro. Negli ultimi anni, tra calo delle inserzioni pubblicitarie nelle pagine culturali e concorrenza di Internet, il personale impegnato nell'*arts journalism* ha subito un vero salasso – è persino nato un movimento di protesta di critici letterari, al quale hanno aderito anche alcuni scrittori di fama –, risultato di un processo cominciato vent'anni fa e che alcuni associano al consumismo: non c'è più bisogno di critiche o approfondimenti, ciò che il lettore vuole è solo sapere cosa fare e se vale il biglietto (Hajdu, 2009). Tra i danni peggiori, l'impossibilità di avere specialisti a tempo pieno e la perdita di un qualsiasi tentativo di gerarchia tra prodotti.

4. Il panorama internazionale: modelli e differenze

Il mondo della stampa è ormai molto interconnesso, per cui è sempre più difficile parlare di modelli di giornalismo culturale che abbiano caratteristiche facilmente distinguibili. Come si è già scritto, gli studiosi si dividono, adottano differenti classificazioni, in qualche caso attenuano, in altri sottolineano le distinzioni.

Una classificazione persuasiva propone tre modelli di giornalismo, in generale: il modello liberale – in Gran Bretagna e Nord America –, il modello democratico-corporativo – nell'Europa continentale – e il modello pluralista-polarizzato – nell'Europa meridionale, caratterizzato dalla sovrapposizione tra mass media e politica e da un forte ruolo dello Stato (Hallin, Mancini, 2004, p. 15).

È una classificazione che in qualche modo aiuta a orientarsi anche nel campo dell'informazione culturale. Storicamente infatti si è spesso contrapposto il giornalismo anglosassone al giornalismo cosiddetto latino. Il primo attento ai fatti e alle notizie, il secondo alle opinioni; il primo alla ricerca della rappresentazione della realtà, il secondo non alieno da intenti pedagogici o persuasivi; il primo a caccia di clienti da conquistare, il secondo di cittadini da forgiare; il primo pressoché interamente dipendente dal mercato, il secondo sensibile più alla politica o agli interessi economici della proprietà che alle vendite; il primo ricco di lettori e investitori pubblicitari, il secondo con pochi lettori e pochi investitori (Sorrentino, 2007, p. 31).

In questo modo, però, si è schiacciato il mondo editoriale di tutta Europa, incluso quello germanofono, sul modello latino, il che è probabilmente semplicistico. In generale il giornalismo culturale anglosassone e il giornalismo culturale italiano possono essere presi come modelli diversi, quasi contrapposti, e sono dunque molto utili per chi si trovi a descrivere il modo in cui i media trattano la cultura.

Non è un caso che un settimanale pragmatico come l'"Economist" nel 1967 abbia bollato l'abitudine dei nostri quotidiani di ritenere

obbligatoria un'ampollosa pagina letteraria. Cominciamo con il dire che la stampa anglosassone è molto più attenta della nostra nel "pedinare" i desideri del lettore. Si parla di ciò che il lettore fa nel tempo libero, e quindi di ciò che guarda, legge, ascolta. Se dovessimo riassumere nel modo più sommario possibile la cifra dei due modelli, diremmo che per gli anglosassoni è la recensione, per noi la discussione. In questo gli anglosassoni offrono un servizio probabilmente più utile al lettore, perché gli fanno un quadro e gli danno un giudizio su ciò che offre la scena culturale. Le agende italiane si somigliano di più, tra loro, di quelle anglosassoni: nei giornali italiani troviamo molti argomenti e notizie in comune. Non è così per britannici e americani. Nei quotidiani italiani ci sono in media più notizie culturali in senso stretto, nonché più temi. I quotidiani anglosassoni contengono molte recensioni di spettacoli – che possono effettivamente avere oggetti comuni – ma pochi articoli di giornalismo "culturale" in senso stretto. Gran parte dei pezzi ha natura più sfuggente, è cultura in senso lato.
Quanto ai contenuti, in generale le pagine anglosassoni, e in special modo quelle britanniche, sono più prone nei confronti dello showbusiness.
La televisione e i suoi personaggi sono oggetti molto presenti in tutte e tre le realtà. Da parte inglese e americana, peraltro, c'è qualche sforzo in più di fantasia, articoli e temi spesso bizzarri, che possono incuriosire il lettore. Sono molto più attenti di noi, almeno sulla stampa quotidiana, all'universo giovanile, pensiamo in particolar modo alla musica, ma questo è un discorso che vale anche per la stampa francese e spagnola. La musica leggera da noi viene raramente trattata da penne giovanili.
Altro elemento che risalta anche a una lettura di superficie è la maggiore apertura internazionale dei quotidiani italiani. Qui occorrerebbe ampliare il discorso e approfondire il tema del provincialismo culturale e della forza di una lingua. L'editoria anglosassone, anche ma non solo per la diffusione della lingua inglese, è un'editoria in gran parte autarchica. Si traduce molto poco, ed è ovvio che ciò determina anche un approccio diverso rispetto agli argomenti che si trattano sulle pagine culturali.

Tutti i modelli, a prescindere dalle classificazioni, sono stati in questi ultimi anni modificati da due fattori: la crisi economica e la rivoluzione informatica. In Occidente la stampa cartacea è in crisi. C'è un numero che dice tutto: negli Stati Uniti dal 2000 al 2012 si è passati da 415.000 a 280.000 giornalisti.
Sarebbe miope, però, guardare solo a noi occidentali. Grazie a grandi realtà quali l'India (dove si vendono 110 milioni di copie al giorno), il Giappone, il Brasile e il Sudafrica, tra il 2005 e il 2010 l'industria dei giornali è complessivamente cresciuta del 6% (Dossier Economist, 7 luglio 2011).

4.1. Le pagine culturali estere

Il panorama è vastissimo; si cercherà qui di fornire qualche coordinata attraverso l'esame di alcuni grandi quotidiani americani ed europei. In conclusione di paragrafo dedicheremo qualche riga alla stampa degli altri continenti.
I giornali britannici sono un esempio da laboratorio dell'effetto di tutti quei cambiamenti che si sono esaminati nei capitoli precedenti. Qui, più che in Italia, si è sentito e si sente il peso del mercato, dell'evoluzione in senso consumistico e commerciale della società. I cosiddetti *quality papers*, i cinque quotidiani nazionali – "Guardian", "Times", "Telegraph", "The Independent" e "Financial Times" – hanno conosciuto cambiamenti più radicali dei nostri. Come detto, il quotidiano britannico è un prodotto che sin dalle origini è dovuto stare sul mercato, rispondere a esso e quindi attrarre lettori e pubblicità, ma le modificazioni degli ultimi trent'anni hanno provocato una progressiva crescita del settore *features*, che è stato in sostanza lo specchio della società dei consumi. Questo settore alla fine degli anni ottanta è per così dire "uscito" dal giornale *broadsheet*, si è trasferito in fascicoli separati, e dopo qualche anno è diventato di formato tabloid. Sono il "Times2", il "Guardian2" e la "Review" dell'"Independent", tutti più o meno legati al tempo libero, vere macchine pubblicitarie. La cultura fa parte di questo mondo e ha risentito delle pressioni commerciali, l'indipendenza dei giornalisti

culturali si è ridotta. La natura di questi fascicoli è molto ibrida, non sono facilmente leggibili i recinti, per cui convivono l'uno accanto all'altro temi alti e bassi, forme culturali diverse, arte "alta" e arte "commerciale". Nella sezione 2 ci sono articoli di cultura, talvolta anche diverse pagine di buon livello, ma spesso sono costretti a competere con pezzi di natura eterogenea e brillante e quindi è difficile evitare la spettacolarizzazione. Così come è forte il rischio di finire annegati in un mare di glamour.

La stampa americana è un moloch, ha numeri enormi, centinaia di quotidiani. Poco fa si diceva della crisi della carta stampata americana. È un fatto. È anche vero tuttavia che ci sono segnali interessanti in qualche modo in controtendenza, come la crescita della diffusione dei quotidiani nei primi mesi del 2012, dopo anni di cali, e come l'acquisto, nel maggio 2012, da parte del finanziere americano Warren Buffett, di 63 giornali locali per oltre 140 milioni di dollari, nella convinzione che i giornali locali siano un collante importante per lo spirito di una comunità. E che il digitale permetta di sapere tutto ma in modo approssimativo e di cose lontane, e poco in modo dettagliato di cose vicine.

Molto interessante anche il dato sulla diffusione digitale (applicazioni per tablet o smartphone, edizioni per e-reader, repliche in pdf, edizioni web con accesso a pagamento o tramite registrazione): nel marzo 2012 ha raggiunto il 14,2% della diffusione complessiva, l'anno precedente era all'8,7%.

La stampa americana ha straordinari punti di forza ma anche molte debolezze. Dei quattro quotidiani nazionali – "The New York Times", "Wall Street Journal", "USA Today" e "The Christian Science Monitor" – solo il primo ha pagine culturali paragonabili a quelle europee. "The Christian Science Monitor" – giornale antico e di alta tradizione, che nel 2009 ha scelto di abbandonare la pubblicazione cartacea e vivere solo sul web, tranne per l'edizione del fine settimana – è troppo marginale, "USA Today" è prono di fronte allo showbusiness, il "Wall Street Journal" dedica alla cultura troppo poco spazio, anche se spazio interessante, essendo piuttosto attento all'economia. Il "New York Times" è un giornale eccellente, che destina alla cultura molte pagine e ottimi giornalisti. D'altronde il suo pubblico è generalmente abbastanza benestante e colto, e chiede cultura. Non a caso le sue pagine culturali attraggono molta pubblicità. L'approccio del "New York Times" a fatti e temi culturali è per così dire antropologico: non c'è stata abdicazione di fronte allo strapotere della cultura di massa e al venir meno delle gerarchie culturali; tutti i fenomeni sono degni di attenzione, legittimati, dall'hip hop ai videogiochi, ma lo sguardo è distaccato, analitico, si cerca la spiegazione, la comprensione, non la mera descrizione o addirittura la celebrazione.

Alcune grandi città americane hanno poi ottimi giornali locali, con buone pagine e buoni inserti culturali. Pensiamo al "Los Angeles Times", al "Boston Globe", al "Washington Post", al "Chicago Tribune", al "San Francisco Chronicle". Uno dei problemi della stampa statunitense è quello delle *one-newspaper-cities*, città in cui si legge in sostanza un solo quotidiano, non c'è concorrenza e quindi l'offerta è molto limitata; il prodotto deve essere necessariamente *mainstream*, mirare al pubblico medio. Il problema più grande, però, è un altro, e cioè la crescente tendenza a confinare cultura e anche spettacoli negli inserti del fine settimana, e a ridurre l'informazione culturale quotidiana. Oggi, tranne che nei giornali maggiori, delle città più vivaci, l'informazione "culturale" quotidiana si limita alle locandine sugli eventi e a pagine sulla televisione. Quasi tutte le analisi convergono comunque su un generale restringimento dello spazio e dell'internazionalizzazione del giornalismo culturale americano rispetto a quello europeo (Janssen, Kuipers, Verboord, 2008). Da qualche anno, però, il "New York Times" e i migliori giornali britannici hanno accresciuto la presenza della cosiddetta cronaca culturale (*arts news reporting*), ovvero le notizie sul mondo dell'arte diverse dalle recensioni o dalle *features* (per fare alcuni esempi: vendite, furti, premi, boom di visitatori, polemiche sulla politica culturale ecc.) che entrano tra le pagine di *hard news*. È un fenomeno degno di nota; le *arts news* – almeno nei quotidiani più attenti alla cultura – stanno migrando dalle sezioni 2 verso il corpo principale del giornale.

E veniamo adesso ai maggiori giornali europei. In Francia, "Le Monde", quotidiano progressista, piuttosto rigoroso e sobrio, è tutto per-

corso da temi e riflessioni culturali, con due-tre pagine culturali in senso stretto; di taglio misto, ospita arti varie, musica spesso leggera, cinema, teatro, mostre, architettura. Assorbe in sostanza sia le notizie di cultura sia quelle di spettacolo. Sono pagine concrete, che raccontano al lettore cosa accade nel mondo delle arti. Lo sguardo sul mondo culturale è simile a quello del "New York Times". In genere non vi si parla di libri, che trovano tuttavia una casa abbastanza accogliente in "Le Monde des Livres", che esce di venerdì.
Complessivamente ci pare di poter dire che la discussione culturale, la riflessione sull'attualità a partire da un libro, e anche le polemiche letterarie, non trovino grande spazio nell'informazione quotidiana.
"Libération", giornale nato sull'onda del 1968, è apertamente schierato a sinistra; dopo qualche anno di sofferenza economica ha ritrovato stabilità, e i contenuti sono tornati buoni, così come è tornata a crescere la foliazione. La Culture è un settore che come in "Le Monde" assorbe cultura e spettacoli, tre-quattro pagine miste e curiose, molte foto, poca pubblicità. Il giovedì c'è l'inserto "Livres", 8 pagine di buon livello, tutte recensioni, di narrativa, saggistica, poesia, con poca pubblicità, di solito su libri.
"Le Figaro" è un giornale di area conservatrice: alla cultura dedica il fascicolo "Figaro et Vous", che assorbe cultura, spettacoli, programmi radio e TV. Anche qui Culture include cultura e spettacoli, quattro pagine di genere misto che in linea di massima ospitano arti rappresentate, ma pochi libri e discussioni suscitate da questi ultimi. Che però trovano spazio nel "Figaro Littéraire" del giovedì, di solito 8 pagine di recensioni, ma anche inchieste e dibattiti. In Francia è forte la stampa locale, che ha però molto di rado un'offerta culturale degna di nota, essendo attenta quasi esclusivamente agli eventi del territorio.
In Spagna i due quotidiani principali sono "El País" e "El Mundo", di posizioni politiche opposte, entrambi di formato tabloid; ambedue riservano uno spazio ragguardevole alla cultura. Pagine che includono tutto: teatro, cinema, arti visuali, musica, qualche libro. Con pubblicità tendenzialmente mirata. Non possono essere taciuti anche altri due quotidiani, "ABC", conservatore di ispirazione cattolica, molto attento alla cultura, e il vivace giornale catalano "La Vanguardia". Una consi-

derazione che pare opportuna è che in complesso i quotidiani francesi e spagnoli nello spazio quotidianamente riservato alla cultura tendono a parlare di cosa vedere, ascoltare e solo talvolta leggere. Quasi assente lo sguardo culturale sull'attualità e l'uso di libri, anniversari o notizie per aprire dibattiti e sollevare discussioni.

Non così l'area geografica che ci pare tutt'oggi la più sensibile e generosa nei confronti della cultura, l'area di lingua tedesca. La "Frankfurter Allgemeine Zeitung" (FAZ) è un severo giornale in media di 64 pagine e qualche rara fotografia, che di recente ha leggermente rimpicciolito il grande formato lenzuolo. La parte che ci interessa è il "Feuilleton", fascicolo di otto-dieci pagine, di cui cinque o sei culturali. La dimensione delle pagine permette agli articoli di svolgersi in modo piano e ragionato, dalle recensioni di libri agli spettacoli, all'attualità culturale: sono pagine alte, fanno pensare – per lunghezza e spessore – a riviste letterarie o inserti specifici. Anche la "Süddeutsche Zeitung" è più che generosa, con il suo fascicolo lenzuolo "Feuilleton", sei pagine dense e varie, una tutta dedicata alla Literatur. Anche qui la pubblicità è poca e quindi lo spazio editoriale amplissimo. Anche i magazine, o gli inserti, del venerdì o del fine settimana, sono più raffinati degli omologhi britannici. Altri due quotidiani che hanno pagine culturali apprezzabili sono "Die Welt" e la "Frankfurter Rundschau". Un giornale parimenti ricco è il quotidiano di Zurigo, la "Neue Zürcher Zeitung". Anch'esso ha un "Feuilleton", sei pagine di cui in media tre dedicate alla cultura. Meno spazio complessivo dei tedeschi, ma ottimo livello, con temi anche legati all'attualità non solo culturale.

Due parole su altre realtà: i paesi dell'Europa dell'Est vengono da una storia di grande attenzione alla cultura, che però era spesso sussidiata. Con il generale arretramento dello Stato anche l'offerta culturale, inclusa quella giornalistica, ha subito un restringimento. Tra i grandi paesi di altri continenti piuttosto buona è l'informazione culturale dei maggiori giornali brasiliani e argentini, pensiamo in particolare a il "Folha de S. Paulo", a la "Nación", a "Página/12", al "Clarin". I giornali indiani paiono invece più deboli, più orientati allo showbusiness. Discrete le pagine dei giornali israeliani di lingua inglese, così come alcune pagine dei principali paesi di lingua araba.

4.2. Le pagine italiane

Vale quanto detto a proposito degli stranieri: forme e contenuti mutano continuamente, la crisi economica ha scosso il settore, la rivoluzione digitale sta imponendo cambiamenti e c'è dunque la possibilità che i ritratti che incontrerete siano in qualche caso invecchiati.

Il calo delle vendite è purtroppo costante; secondo diversi addetti ai lavori, nel giro di pochi anni i nostri due maggiori quotidiani, "Corriere della Sera" e "la Repubblica", scenderanno a 250.000 copie al giorno.

Nel 2011 la vendita media giornaliera è stata inferiore alle 4,5 milioni di copie, un dato simile ai primi anni del secondo dopoguerra. Nel 1990 eravamo a 6,8 milioni di copie. Sopperisce la Rete: è essa a sottrarre lettori alla carta stampata, ma come si è detto la pubblicità che genera la Rete non ha ancora raggiunto quella perduta sulla carta stampata.

Il fenomeno più interessante, presente come vedremo in tutti i media, è l'ibridazione, la crossmedialità, la transmedialità; ormai tutti gli strumenti d'informazione si parlano, si rimandano, è una costante conversazione circolare.

È importante ricordare che la stampa italiana ha una forte tradizione di informazione culturale che non ha subito grandi rovesci: pressoché tutti i giornali italiani conservano un atteggiamento rispettoso, in qualche caso ossequioso, nei confronti dell'informazione culturale, che si concretizza in uno spazio costante, quotidiano, legato a una concezione abbastanza tradizionale degli argomenti, dei temi, dei fatti di cui ci si occupa. In Italia, salvo poche eccezioni, si conservano recinti e divisioni, cultura e spettacolo sono solitamente separati, qualche volta la cultura è accorpata alla scienza o a temi sociali, ma in generale non si assiste all'ibridismo, alla commistione anglosassone. Anche le gerarchie ereditate dalla tradizione – pur nella crescente permeabilità alle evoluzioni della vita sociale, nella crescita di argomenti – restano abbastanza leggibili.

L'esame empirico dei nostri giornali ci pare confermare quanto appena scritto, ma il punto non è pacifico. Diversi osservatori, soprattutto accademici, parlano di un'Italia divenuta preda del fenomeno che abbiamo cercato di descrivere a proposito della Gran Bretagna. Il lamento riguarda in generale i quotidiani, ma ci sono rilievi specifici sull'informazione culturale. C'è chi ha esplicitamente parlato, con tono dolente, di quotidiano postmoderno, ibrido, in cui il giornalismo culturale è costretto a misurarsi con il mercato e quindi con la ricerca dell'audience, chi ha parlato di trasformazione compiuta, con la cultura che da settore privilegiato per la funzione pedagogica del giornalismo italiano è divenuto un ambito orientato alle richieste dei lettori e un elemento fondamentale delle strategie di marketing. Si è biasimata la resa, contenutistica e grafica, dei giornali alla televisione.

Per Tullio De Mauro il rapporto con i potentati economici e la dipendenza dalla pubblicità hanno costretto gran parte dei giornali a una chiassosa effervescenza (De Mauro, 2004, p. 211): giornalismo urlato e glamour, interviste rapide, divismo, inseguimento della televisione, personaggi del teleschermo in prima pagina, troppo spazio ai protagonisti della cultura di massa. C'è chi parla di articoli-gossip, un nuovo genere d'intrattenimento che imita i grafismi della pubblicità e del computer e combina elementi lessicali di diversa provenienza (Sorrentino, 1994, p. 477; Crespi, 2004; Loporcaro, 2005). Sono critiche a nostro avviso eccessive. Mutamenti, pseudomodernizzazioni, falsi movimenti e corrività ovviamente ci sono stati, ma l'impianto di fondo non è stato rivoluzionato.

Soffermiamoci comunque sui cambiamenti. Nel paragrafo 2.5 abbiamo accennato all'"appassimento" della funzione dei critici. Ecco, è indubbio che un punto debole delle più recenti pagine italiane, riconosciuto da più parti, è proprio quello letterario. Se è controversa l'affermazione che oggi ci sono molte meno recensioni, è innegabile che si sia ridotto l'investimento sui critici militanti, sui critici titolari di rubriche che riescono a portare avanti un discorso unitario, a orientare il gusto, e si ha sovente l'impressione di essere di fronte a un circolo chiuso dove è di cattivo gusto parlare male del prossimo o alzare la voce. C'è chi ha parlato di pubblicitari più che di critici letterari (Bonami, Mastrantonio, 2008, p. 17). Della letteratura e della critica letteraria all'interno del quotidiano si ha oggi un'idea debole, quasi che il critico abbia perso la sua funzione sociale, venga ritenuto inadatto a parlare al lettore medio,

abbia tempi troppo lenti, forse troppa autonomia, in un paesaggio informativo rivoluzionato da Internet; ma vedremo tutto ciò più avanti.
In realtà – per ragioni diverse, che vanno dall'eccesso di offerta ai tempi e modi spasmodici del consumo culturale – sta tramontando l'idea che si debba parlare di un libro solo perché è uscito. Accade ancora per gli autori di grande peso, ma si tende sempre più a usare il libro come spunto, come volano, come occasione. E l'assunzione di questa funzione potrebbe addirittura rafforzarne il ruolo, perché libri e autori divengono interpreti e strumenti di comprensione del proprio tempo, e possono essere quindi usati dai quotidiani non soltanto nei ristretti ambiti della cultura. In fondo è quello che accade in alcune trasmissioni radiofoniche o televisive.
Negli ultimi anni si sono moltiplicate schede o brevi articoli, spesso accompagnati da voti, a scapito delle recensioni classiche. Si leggono sempre più spesso anticipazioni o interviste (molte meno, comunque, che sui giornali inglesi), che permettono di non prendere posizione, e si assiste anche a polemiche e pezzi su libri ancora non letti. Talvolta, invece di parlare di un libro, si pubblicano estratti dello stesso, specie se l'autore è popolare. La smania di scoop e anticipazioni fa un cattivo servizio al lettore, perché spesso i giornali decidono di non parlare di libri già trattati da altri (Eco, 2005).
Non mancano i titoli spettacolari, talvolta superficiali, talaltra completamente sbagliati. L'"involucro" pretestuale e transtestuale è volutamente chiassoso e spesso ingannevole. Diversi scrittori hanno avuto parole amare e severe sul dilagare del ruolo degli uffici stampa, con le loro primizie ed esclusive. In realtà non siamo di fronte a vere novità: De Robertis e Montale parlavano dell'assenza di una critica militante già sessant'anni fa, all'inizio degli anni sessanta Carlo Bo lamentava il fatto che al critico venisse chiesto solo di avallare il lavoro dell'industria culturale e in modo simile si esprimeva Guido Piovene nel 1974. Certo, è cambiata la quantità, ma complessivamente si potrebbe dire che l'influenza della società dello spettacolo, dell'industria dell'intrattenimento sulle pagine culturali italiane non è la stessa del mondo anglosassone. Uno dei punti chiave è quello dell'agenda delle pagine culturali italiane, che resta un territorio abbastanza libero, nel quale i fattori esogeni, le influenze esterne rispetto alle

libere decisioni dei giornalisti restano marginali. Discorso che vale a maggior ragione per i quotidiani che ricevono sussidi pubblici e per i giornali di partito, che non nascono per stare sul mercato.

Tra le conclusioni che si possono trarre una è che in Italia più che altrove il giornalismo culturale ha avuto, e per certi versi ha tuttora, il privilegio di farsi assorbire dal resto del giornale. Essendo meno vincolato da obblighi commerciali, corre il rischio dello scollamento, ma anche il beneficio di una maggiore libertà. Avevamo detto in precedenza che per alcuni quotidiani il numero di lettori era un fattore relativo, subordinato al profilo, allo status, se vogliamo al capitale culturale. Questo discorso in Italia è particolarmente accentuato, nel senso che alcuni giornali sembrano poggiare la loro autorevolezza proprio sull'essere svincolati dai desideri del pubblico. Alcuni giornalisti culturali, inoltre, fanno notare come sia inutile provare a competere con altri media – TV, riviste popolari – perché il quotidiano tradizionale ha uno specifico espressivo che non riesce a toccare certe fasce sociali.

Una domanda importante è quanto ancora possa sopravvivere il modello italiano. In fondo molti specialisti preconizzano un'affermazione crescente del modello giornalistico liberistico, e lasciano poche speranze ai giornali politici, comunitari, di nicchia. In Italia vivono – e offrono ottime pagine culturali – quotidiani che lasciati ai soli venti del mercato non sopravvivrebbero. Riescono a uscire solo grazie ai controversi sussidi statali. La questione di fondo riguarda il rapporto tra mercato e Stato. Giuliano Ferrara, direttore del "Foglio", l'ha posta con chiarezza: «Faccio un giornale fuori mercato, non riesco a metterlo in pareggio. In Italia lo Stato promuove altri prodotti di qualità: libri, enti lirici, mostre, che non ce la fanno da soli. Perché dovrei farcela io?» (in Roidi, 2004, p. 99). Il giornalismo italiano fa parte di una famiglia di paesi in cui il ruolo dello Stato è piuttosto incisivo. È qui che si misura la grande differenza culturale. Nel mondo anglosassone – specie negli USA – c'è una contrarietà diffusa verso il sussidio statale, perché il prodotto – anche se non è un prodotto qualsiasi – deve pur sempre affermarsi sul mercato, in ultima analisi essere autosufficiente, rispondere a un interesse. Ecco, il punto è che il quotidiano non è un prodotto qualsiasi. Può essere lasciato solo al mercato? La risposta ci pare che debba essere positiva: la stampa anglosassone è ottima, ricca

di quotidiani eccellenti, libertà, indipendenza. E tuttavia è una risposta che lascia un po' d'amaro in bocca, perché l'informazione culturale è un settore particolare, nel quale le sole logiche commerciali possono impoverire il prodotto. Certe pagine culturali italiane, altissime, anche coraggiose, si possono spiegare solo con il fatto che non debbono rispondere al mercato. Si potrebbe obiettare: ne abbiamo bisogno? Non sono sufficienti le pagine culturali dei grandi giornali italiani, quelli che stanno sul mercato? Forse sì e tuttavia: il panorama non sarebbe più povero, non ci sarebbero meno voci e più simili tra loro?
Ad affrontare questo tema con toni preoccupati è stato anche Jürgen Habermas, che ha definito la comunicazione culturale e politica una merce particolare, essenziale per la formazione di un'opinione pubblica raziocinante. Il mercato, scrive, è stato emancipatore, ma può assolvere a questa funzione solo finché le leggi economiche non penetrano nei pori dei contenuti editoriali e politici che il mercato diffonde. Habermas torna a rendere omaggio al nocciolo della critica dell'industria culturale di Adorno, e conclude che è necessario abituarsi all'idea di sovvenzioni a giornali e riviste (Habermas, 2007; de Kerckhove, 2010; Ryan, 2011, p. 188). È ad esempio quello che ha fatto il presidente francese Sarkozy nel 2008, ma anche negli Stati Uniti si fanno strada proposte simili, attraverso rapporti (Downie, Schudson, 2009), stanziamenti della Federal Communication Commission, nascita di organizzazioni tipo ProPublica, testata web finanziata dalla filantropia, e proposte di finanziamento delle associazioni d'informazione no profit. Un'altra strada è quella del *crowd sourcing and funding*, piattaforme che propongono ai lettori inchieste che hanno bisogno di finanziamenti e chiedono donazioni (D'Amato, 2011). Se si raggiunge la cifra necessaria l'inchiesta comincia.

4.3. Esempi

"Corriere della Sera" e "la Repubblica" sono due ottimi esempi di quotidiani orientati al mercato ma solidamente iscritti nella tradizione alta del giornalismo culturale. Sono i giornali più diffusi in Italia, con la presenza pubblicitaria più cospicua, e una readership medio-alta. Ciò significa che occorre tenersi in equilibrio tra inserzionisti e un pubblico attento, dai consumi culturali variegati e spesso sofisticati. Nelle pagine culturali la pubblicità è non solo presente ma quasi sempre mirata. E lo è da decenni.

Maggiori le differenze di contenuti. Le pagine del "Corriere della Sera" restano tutt'oggi uno dei luoghi culturali più appetibili del paese, spazio orgoglioso e prezioso che ha raramente abdicato a una sua classicità e al quale è stato sempre difficile accedere. È indubbio, tuttavia, che a partire dal secondo dopoguerra anche la Terza del "Corriere della Sera" si sia fatta più malleabile, e dagli anni sessanta in qualche modo anche più frivola, con foto di attrici in sartoria, foto di divi del cinema, inchieste sulle teste coronate, pezzi di varietà. Così come è indubbio che negli anni settanta il tenore generale abbia virato sul sociale o negli anni ottanta abbia ospitato spesso temi economici o analisi più legate al privato.

A partire dagli anni novanta – si ricorderà Mieli e il cosiddetto "mielismo" – la Terza muta posizione, la cultura finisce a centro giornale e si nota una presenza maggiore di interviste, un genere consono alle discussioni, alla ripresa dei sassi nello stagno. Rispetto a "la Repubblica" c'è senz'altro una maggiore ricerca della polemica culturale – talvolta pretestuosa, inutile (Cavaglion, 2007) – e una minore attenzione alla narrativa, ma le pagine del "Corriere della Sera" restano un terreno che rappresenta le forme, gli oggetti, i fatti che riguardano la cultura in senso abbastanza tradizionale. Le firme ospitate sono di grande prestigio, spesso impervie, lontane dal lettore medio. Qualche nome: Emanuele Severino, Paolo Isotta, Pietro Citati, dibattiti su Parmenide, sulla storia del cristianesimo, lunghissimi articoli-recensioni di libri di storia da parte di Paolo Mieli. C'è molta attenzione a leggere l'attualità attraverso gli strumenti della cultura, che come si è detto più volte è una tendenza di lungo periodo della stampa italiana. L'ibridismo, l'alto-basso sono invece molto più presenti nelle pagine dello spettacolo, ma perché più ibrido e più mutevole è il mondo dello spettacolo. Qui le gerarchie qualitative sono meno rispettate.

Anche "la Repubblica" dedica largo spazio allo sguardo "culturale" sui grandi temi dell'attualità, e non a caso spesso la firma di un intellettuale è in prima pagina, con un articolo di riflessione su un fatto di cronaca. Il tono generale è alto, talvolta altissimo. Anche qui trovano casa firme molto poco digeribili dal grande pubblico: pensiamo ad Alberto Arbasino, a Franco Cordero, allo stesso Citati che vi ha scritto per anni prima di passare al "Corriere della Sera". Si fanno questi nomi, di spessore e prestigio, perché la loro prosa, il loro approccio ai temi trattati sono quanto di più lontano ci sia da una visione *market oriented*, accessibile al lettore comune. I loro detrattori si chiedono polemicamente: ma articoli del genere sarebbero traducibili in inglese? Siamo pienamente sul terreno della distinzione, del prestigio e del capitale culturale dei lettori del giornale, che tra l'altro includono moltissimi insegnanti. Qui la commistione tra alto e basso, o meglio tra generi diversi, avviene quasi soltanto all'interno delle pagine dello spettacolo e in maniera meno evidente – anche dal punto di vista grafico – rispetto al "Corriere della Sera".

Ci sono un paio di novità dell'ultimo decennio che meritano attenzione. Si è trattato di scelte editoriali che non rispondevano a logiche commerciali, erano la risposta del quotidiano a un clima culturale che sembrava piuttosto fertile, al consenso ottenuto con l'iniziativa della biblioteca, ovvero dei libri allegati, e per il «desiderio di rappresentare al meglio il variegato e ricchissimo mondo dell'editoria italiana» ("la Repubblica", 20 novembre 2004). Nell'ottobre del 2003 ha fatto la sua apparizione una sezione monografica di approfondimento, il "Diario". Usciva due volte a settimana, ma la crisi ha imposto una sola pubblicazione settimanale. Erano tre pagine – oggi ridotte a due – dedicate a un tema di attualità esaminato sotto il profilo culturale. Nel 2004, poi, è apparso "L'Almanacco" dei libri del sabato. È un fascicolo con un'intervista a un autore, un estratto di un racconto o un romanzo, e brevi recensioni fatte da giornalisti, che «risponderanno ad alcuni requisiti: brevità, chiarezza e tempestività» (*ibid.*). Era di otto pagine, nel 2008 è stato dimezzato, oggi è diventato parte di R2Cult, una folta sezione del sabato che ha molta familiarità con certi ibridi anglosassoni (Panarari, 2011).

A questo proposito va ricordato che "la Repubblica" ha varato – settembre 2007 – la sezione R2, un inserto interno al quotidiano che contiene cultura, spettacoli, sport, tecnologia, storie e pubblicità in gran parte legata alla sfera del tempo libero. Una creatura, insomma, a tutta evidenza figlia degli inserti britannici G2, T2 ecc., e che in Italia si era vista con "l'Unità" di inizio anni novanta.

L'impostazione dei due maggiori quotidiani nazionali aiuta a orientarci nel complesso mercato italiano. Perché è vero e ovvio che ci sono differenze tra i vari giornali, ma alcuni elementi sono comuni a tutti, o quasi.

Anzitutto il semplice fatto di dare spazio all'informazione culturale, che, lo si è visto in precedenza, non è così scontato.

In secondo luogo il fatto di conservare un approccio che non ha rotto con la tradizione, che è figlio della lunga storia della Terza pagina. E poi, ancora, di mantenere una griglia in cui sono percepibili le differenze, in cui l'omogeneità tra le varie forme di cultura e spettacolo non è un dato acquisito. Pensiamo agli altri quotidiani nazionali, "La Stampa", "il Giornale", "Avvenire", "il manifesto", "l'Unità", tutti di livello europeo. Specialmente "Avvenire" e "il manifesto" si distinguono per l'originalità dell'approccio. "L'Unità" viene da anni burrascosissimi e ha vissuto negli ultimi tre decenni alcuni passaggi rilevanti ai fini delle cose dette in questo libro. A metà degli anni ottanta, il responsabile della cultura dell'epoca, Ferdinando Adornato, inventò il C/S, la sezione cultura e spettacolo, eliminando una distinzione sin lì abbastanza netta. La spiegazione che se ne dà oggi è assolutamente in linea con quanto scritto a proposito dei britannici: è l'avvento del postmoderno, è il tentativo di superare la contrapposizione alto-basso. Alla fine degli anni ottanta il ripensamento: si torna alla separazione, ma la cultura viene accorpata alla scienza, in questo caso con un probabile intento di superamento della tradizionale barriera italiana tra cultura umanistica e cultura scientifica, ma anche per riprendere una linea abbastanza classica del progressismo. Nel 1992 un mutamento significativo. Il direttore dell'epoca, Walter Veltroni, si lancia in fortunate ma anche economicamente spericolate operazioni di gadget, che anticipano, con maggiore coerenza identitaria, l'attuale politica degli allegati. Nel 1994, poi, lancia il secondo dorso, facendo in sostanza un'operazione identica a quella dei britannici. "l'Unità 2" è un sottofascicolo con cultura, scienza, spettacolo e sport. È un prodotto di alto livello che sarebbe scomparso nel giro di pochi anni, principalmente per via dei costi eccessivi.

Si è già scritto che una delle caratteristiche delle pagine culturali italiane è di godere di una sorta di statuto privilegiato rispetto alla linea del resto del quotidiano; in questo sono pagine simili a quelle dello sport. Si vuole dire che anche nel caso di giornali molto schierati e dallo stile diretto, pensiamo a "Libero" o al "Giornale", leggendo le pagine culturali si ha l'impressione di una maggiore libertà rispetto al resto del quotidiano, sia nel senso della varietà dei punti di vista sia dell'approccio, che non di rado è complesso e tutt'altro che facilmente accessibile.

Ovviamente tutti i quotidiani hanno una loro specificità che si ritrova nelle pagine culturali – per esempio le questioni religiose sull'"Avvenire" e a maggior ragione sull'"Osservatore Romano", i *cultural studies* sul "manifesto", il lavoro sull'"Unità" – ma in linea di massima resta la maggiore libertà di cui parlavamo. Forse la sola "Padania" ha una linea culturale dalla quale è difficile uscire, molto legata all'identità e alle tradizioni cosiddette padane. Così come identitarie – ma meno chiuse – sono o erano le pagine culturali di altri quotidiani di partito, quali "Liberazione" (PRC, migrato in rete nel gennaio 2012) o "Il Secolo d'Italia" (AN prima, PDL poi, anch'esso migrato in rete, nel dicembre 2012).

Tra i quotidiani di partito viene classificato anche "Il Foglio". Creatura di Giuliano Ferrara, è molto più influente che diffuso, vende poche migliaia di copie, ma penetra tra le categorie dirigenziali. Nasce come foglio di quattro pagine formato lenzuolo; con il tempo ha acquistato peso culturale e numero di pagine. La cultura in senso stretto occupa lo spazio di un articolo, una recensione di un libro. In realtà, però, è uno dei quotidiani maggiormente percorsi da essa. È un giornale di approfondimento, i suoi pezzi presuppongono un alto livello di istruzione, sovente allega paginoni che sono brevi saggi su questioni di attualità. La crescita della foliazione è solo in parte legata alla presenza pubblicitaria. È vero che non di rado una delle 6 o delle 8 pagine è interamente presa da un'inserzione, ma spesso accade il contrario, il che significa che siamo di fronte a una scelta puramente giornalistica, non commerciale. Anzi, anticommerciale. L'edizione del sabato, una dozzina di pagine, è una vera e propria rivista culturale, con articoli lunghissimi.

Della stessa famiglia – anche economica, visto che tutti beneficiano del finanziamento pubblico – fanno parte "Europa", "Rinascita" e l'"Avanti!". Il primo è orientato alla cronaca e al dibattito politico – era il quotidiano della Margherita, ora è del PD –, tranne il sabato, quando ospita due o tre pagine strettamente culturali. "Rinascita" e "Avanti!" hanno una percentuale di spazio dedicato alla cultura davvero ragguardevole.

Anche i quotidiani macroregionali, che hanno cioè un bacino di utenti di due o più regioni – pensiamo al "Messaggero", al "Mattino", alla "Gazzetta del Mezzogiorno", al "Tempo", alle testate del network "Quotidiano Nazionale" – hanno una o più pagine dedicate alla cultura, che in qualche caso hanno conosciuto storie ondivaghe, con lo spazio e il tono della cultura molto legati a fattori contingenti, come il direttore, il caporedattore o un cambio di editore. Più in particolare, "Il Mattino" ha una storia alta e tende a mantenerla, mentre "Il Messaggero" tiene conto del livello sociale del lettore, più medio-basso che medio-alto e in larga parte capitolino: gli articoli sono di facile comprensione, accattivanti; i titoli tendono più al popolare che al linguaggio da iniziati. Antica anche la vicenda della "Gazzetta del Mezzogiorno", che non a caso ha un modo di parlare di cultura piuttosto classico, con temi e libri nazionali. Interessanti sono i casi del "Tempo" e del "Quotidiano Nazionale".

Il primo a seconda dei direttori ha oscillato tra una linea più popolare, e orientata al mondo dell'intrattenimento, e una linea più tradizionale (ci riferiamo alla direzione Sechi). Il secondo, ovvero i tre quotidiani del gruppo Riffeser ("il Resto del Carlino", "Il Giorno", "La Nazione"), ha una dimensione molto ampia, quasi sempre non inferiore alle 80 pagine, con una parte nazionale comune e sezioni distinte a seconda dell'area geografica di vendita. È il prodotto editoriale più simile al modello britannico. Per stessa ammissione dei giornalisti interpellati, questi tre quotidiani scelgono una linea popolare, fanno proprio un concetto di cultura molto allargato. Oltretutto le pagine culturali sono poche, cosicché le notizie di costume finiscono spesso in quelle della cultura. Il risultato è che l'offerta di cultura alta è molto modesta, in genere una sola pagina sulle otto della sezione dedicata al tempo libero, e forte la commistione, con recinti e barriere difficilmente leggibili. La presenza di *celebrities* e showbusiness è elevata, così come la componente pubblicitaria.

Dall'impostazione di fondo non si discostano, ed è un punto molto importante, i quotidiani locali. Mentre infatti nel mondo anglosassone – ma anche in alcune realtà europee – i quotidiani di questa categoria hanno la tendenza a parlare solo di eventi culturali legati al territorio, da noi, complice la nostra storia, continuano a offrire al lettore una o più pagine culturali non strettamente locali. Certo, uno sguardo nel tempo porta a concludere che lo spazio per gli spettacoli è cresciuto, mentre quello per la cultura è rimasto lo stesso o si è ristretto. Quando c'è un grande evento di spettacolo, come il Festival di Sanremo, nei grandi giornali si conserva lo spazio per l'informazione culturale, nei piccoli di rado. Tra le pagine che vorremmo segnalare, quelle della "Sicilia" di Catania, del "Secolo XIX" di Genova, del "Piccolo" di Trieste e del toscano "Tirreno", che seguono gli eventi locali ma hanno una prospettiva nazionale.

Ancora, ma ci pare con meno varietà e spessore, la "Gazzetta del Sud", "Il Gazzettino" di Venezia e il "Giornale di Sicilia". Tutti i giornali hanno una periodicità nel parlare di alcuni temi. Di solito di arte e mercato dell'arte la domenica o il lunedì, di cinema il venerdì, e in generale i quotidiani che non pubblicano inserti letterari riservano una pagina settimanale in più ai libri.

Non dimentichiamo, inoltre, che quasi tutti i quotidiani nazionali esaminati hanno pagine di cronaca locale, che spesso contengono notizie, segnalazioni, in qualche caso riflessioni culturali. Quanto ai due quotidiani economici, "Italia Oggi" e "Il Sole 24 Ore", il primo non ha pagine culturali giornaliere, mentre "Il Sole" dal dicembre 2012 pubblica, il mercoledì, "Anteprima Domenica". Entrambi, però, si occupano spesso di politica e consumi culturali.

4.4. I supplementi culturali

Sono presenze antiche e costanti dell'informazione culturale. Nella loro lunga storia hanno conosciuto le forme e le fortune più diverse. Possono infatti assumere l'aspetto di qualche pagina in più all'interno del giornale, possono essere veri e propri fascicoli che vengono allegati al quotidiano senza aggiunte di prezzo, possono essere prodotti laterali al quotidiano che vengono venduti separatamente o ancora prodotti autonomi che condividono la testata. La loro vita è stata solitamente indipendente da quella del quotidiano, nel senso che la loro esistenza e la loro natura sono più soggette di altre pagine ai rovesci dell'economia e della contingenza. Non si contano, in Italia e all'estero, le vite brevi, gli esperimenti sfortunati, le arabe fenici, ovvero quegli inserti che sono morti e poi rinati con una foggia differente.

C'è una solida conferma a queste parole: nei pochi anni tra la prima e la seconda edizione di questo libro ci sono stati battesimi, mutamenti, funerali. Se i supplementi hanno perso in centralità, conservano però una grande importanza all'interno della cosiddetta società culturale, quel campo di persone e interessi legati al mondo della cultura che ha tutt'oggi peso, influenza, anche nell'industria culturale. C'è da chiedersi se con il susseguirsi delle generazioni, con lo sfarinamento della società culturale, con l'arrivo al potere editoriale di persone per le quali l'inserto letterario non è stato un'abitudine di lettura magari appresa in famiglia, gli inserti conserveranno quell'importanza che tutt'oggi sembrano avere.

Uno dei nodi da mettere subito in evidenza è che la loro stessa esistenza, la loro stessa presenza hanno un riflesso molto forte sulle pagine culturali dei quotidiani. È argomento di discussione tra gli studiosi americani, perché negli Stati Uniti, a parte i grandissimi giornali – "The New York Times", "Los Angeles Times", "The Washington Post" –, il grosso della stampa tende a scegliere tra due opzioni, due modelli di giornalismo culturale: coprire la cultura con un'informazione quotidiana o, per così dire, recintarla negli inserti del fine settimana e ridurla praticamente a zero nella copertura quotidiana, e quindi quasi soltanto ai programmi di TV e radio o alle locandine sui cinema.

La scelta sembrerebbe contingente, ma c'è chi sostiene che sottenda una visione delle cose: la cultura è parte della vita quotidiana o solo un lusso da fine settimana? Per i tedeschi, si sarà capito dagli esempi, è parte della vita quotidiana; anche noi italiani non corriamo il rischio del recinto, però è indubbio che le recensioni di libri si siano molto ridotte nel tempo e una spiegazione, o un alibi, è che si trovano negli inserti dedicati. Il panorama degli inserti culturali è vasto. Impossibile fotografarlo tutto senza lasciare scoperte aree importanti. Qui si cercherà di fornire qualche indicazione sugli inserti italiani e su quelli stranieri nei quali il lettore italiano può più facilmente imbattersi. Non dimentichiamo peraltro che con Internet quasi tutto, di qualsiasi paese, è divenuto accessibile.

La tradizione dell'inserto è antica (Ferretti, Guerriero, 2010). Già nei giornali di fine Ottocento e inizio Novecento vi erano sezioni specializzate o supplementi, un po' in tutta Europa. In Italia la "Gazzetta Piemontese", del 1876, aveva un inserto settimanale che si chiamava la "Gazzetta letteraria"; c'erano inoltre il "Fanfulla della Domenica" e "La Domenica letteraria". Il "Corriere della Sera" di Albertini lanciò nel 1901 "La Lettura" – stesso titolo dell'inserto lanciato nel 2011 –, supplemento mensile gratuito che visse sino al 1945, e che aveva una formula piuttosto ibrida, con l'obiettivo esplicito di non annoiare.

Più in generale i quotidiani, ad esempio "L'Ambrosiano", "La Gazzetta del Popolo" e il "Corriere della Sera", la domenica riservavano uno spazio maggiore a letteratura e varietà. A quell'epoca, tra l'altro, le edizioni domenicali vendevano di più di quelle feriali, si pensava che ci fosse più tempo per rilassarsi e leggere. E lo si pensa, legittimamente, ancora oggi, anche se poi non è così nei fatti: i giornali in quei giorni vendono meno. In fondo le scelte di diversi quotidiani di lasciar spazio la domenica ad articoli lunghi, a storie, a inchieste si inscrivono in questa tradizione.

Nel secondo dopoguerra gli inserti più interessanti furono probabilmente il "Giorno Libri" e il supplemento di "Paese Sera", ma si sarebbe dovuta aspettare la fine degli anni settanta per assistere a un periodo di lanci di supplementi culturali. Nel 1979 il "Secolo cultura", nel 1980 "Tuttolibri" della "Stampa", nato in realtà cinque anni prima, ma come prodotto autonomo, e “Talpalibri” del “manifesto” nel 1982; nel dicembre del 1983 “Il Sole 24 Ore” con l’inserto culturale della domenica, una delle più interessanti avventure editoriali del dopoguerra; nel 1989 “Mercurio” della “Repubblica”, nel 1991 “Gutenberg” di “Avvenire”. Anche “Il Mattino” a metà degli anni ottanta lanciò “Il Mattino del Sabato”, 8 pagine. Era un prodotto piuttosto apprezzato e morì per ragioni contingenti, con un cambio di direzione e un nuovo progetto editoriale.

Tra il 1990 e il 1992 ci fu “L’agenda del sole”, sul tempo libero, e l’inserto “Libri e Arte”: anch’essi chiusero per ragioni di linea editoriale. Alla fine degli anni ottanta un progetto di supplemento culturale fu presentato da Franco Fortini per il “Corriere della Sera”, ma non decollò. Così come non decollarono i progetti successivi di Paolo Di Stefano. Tra gli anni ottanta e novanta, peraltro, l’edizione domenicale ospitava un “Corriere cultura”, un inserto di ottimo livello anche piuttosto corposo, 12 pagine. Purtroppo nel nostro paese spesso quelle dei supplementi culturali non sono avventure a lieto fine.

Tra i fallimenti o i ritiri bisogna citare senz’altro “Mercurio”, il raffinato inserto della “Repubblica”, durato dal 1989 al 1991 e morto in sostanza perché era un prodotto in perdita e l’inserto domenicale del “Giornale” di Montanelli, 4 pagine di recensioni, libri e mostre, chiuso da Vittorio Feltri quando prese il timone del quotidiano, nel 1994. Fortunatamente non mancano le esperienze positive e longeve, di cui diremo tra poco. Prima, a conferma della vitalità, della mobilità del settore, diamo conto delle novità degli ultimi tempi. Il 13 novembre del 2011 è uscito – sarebbe il caso di dire: finalmente; il primo numero è stato un indubbio successo, sono state ristampate 200.000 copie – l’inserto settimanale del “Corriere della Sera”: si chiama “La Lettura”, 40 pagine formato berliner, esce di sabato senza sovrapprezzo. Molta attenzione alla grafica, al dibattito contemporaneo, alle nuove tecnologie, ai nuovi linguaggi. Ci sono sezioni fisse su questi temi (“Il dibattito delle idee”, con un approccio liberale e diverse firme in comune con il “Foglio”), le recensioni non sono particolarmente lunghe e si chiudono con piccoli riquadri contenenti i voti al libro recensito. Molto buona la parte sulle arti visuali e si segnala la presenza costante di una graphic novel.

Complessivamente è più vicino a una rivista, a un magazine culturale che a un inserto di recensioni.
Nel febbraio 2011 è anche nato il supplemento del "Fatto Quotidiano": si chiamava "Saturno"; il verbo è all'imperfetto perché "Saturno" è già scomparso, sembra che le vendite e le reazioni dei lettori non fossero entusiasmanti. Ha chiuso il 16 marzo 2012 con la promessa di tornare presto con molte novità, ma ancora non si è visto nulla. La grafica era quella abbastanza povera del quotidiano-padre, anche se le fotografie e i titoli meno gridati lo rendevano più elegante. Aveva alcune caratteristiche per così dire imposte dal quotidiano di cui era emanazione, come la militanza, il tono pugnace e impegnato, con aperture tutte legate a temi di strettissima attualità (la FIAT, la libertà delle donne musulmane, le energie rinnovabili, la caduta dei moderni tiranni ecc.). Complessivamente vi era più spazio per le riflessioni e le polemiche che per le recensioni e le segnalazioni, era più uno strumento di riflessione-stimolo che uno strumento di servizio per il fruitore di prodotti culturali. L'inserto era di poche pagine, scontava un effetto sovraffollamento, eccesso di densità e incertezza sulla linea editoriale. Dopo 30 numeri aveva deciso di chiamarsi "Saturno 2.0" e di puntare di più sulla Rete, sui linguaggi digitali.
Vita breve ha avuto purtroppo anche "Orwell", il supplemento del quotidiano "Pubblico", nato il 22 settembre 2012, che ha chiuso pochi mesi dopo. Era di otto pagine, formato berliner, diretto dallo scrittore Christian Raimo. Era un inserto di buon livello, con voci e temi piuttosto originali.
Negli ultimi mesi ci sono state anche trasformazioni, *in primis* "La Domenica" del "Sole 24 Ore", con un restyling profondo durato dal 5 dicembre del 2010 al 12 giugno 2011, e poi l'ennesimo mutamento del più originale dei supplementi culturali, "Alias" del "manifesto", che si è in sostanza scisso in due. Il sabato esce l'inserto sulle arti varie, la domenica il quotidiano ha le pagine sui libri, che un tempo facevano parte dell'"Alias" del sabato. "Alias libri" è in sostanza l'erede della "Talpa del Giovedì", presente praticamente dagli esordi del giornale, e della "Talpalibri", che usciva di venerdì, 6-8 pagine.
Si diceva dell'originalità di "Alias". Anche chi per mestiere mastica cultura ogni volta fa una scoperta: "Alias" ha uno sguardo davvero

da *cultural studies* verso i fenomeni, i prodotti, le forme culturali di cui si sceglie di trattare. Crediamo sia errato parlare di attenzione «postmoderna alla produzione culturale» (Ferretti, Guerriero, 2010, p. 373): è piuttosto definibile l'idealtipo dell'età degli onnivori. Può comunque esporsi all'accusa di esoterismo, di programmatica radicalità, eccentricità e c'è in effetti il rischio di condannarsi a non affrontare mai, per scelta editoriale precisa, il *mainstream*, e compiacersi della lateralità, passare per una *fanzine* di appassionati di visioni, ascolti e letture delle minoranze. Il quotidiano ha una diffusione ristretta, 10-15.000 copie, ma il sabato e la domenica vende qualche centinaio di copie in più, attribuibili all'interesse suscitato dagli inserti.

Quanto ai supplementi più durevoli, prenderemo anzitutto in considerazione "Tuttolibri" della "Stampa". Quando nacque, nel 1975, era un prodotto a sé stante, 24 pagine tabloid, e veniva acquistato a parte, ma dopo pochi anni, nel 1980, si decise di accorparlo al quotidiano maggiore. Il primo numero vendette 160.000 copie (500.000 lettori!), ma dopo qualche tempo si stabilizzò sulle 30.000 copie, insufficienti a coprire le spese. Nel 1980 era sceso sotto 20.000. Di lì la decisione di cambiare. E diminuire la foliazione. Nei primi anni era un prodotto molto attento a ciò che accadeva attorno a sé – era un periodo molto turbolento della nostra storia – con inchieste, polemiche, interviste a protagonisti della vita pubblica (D'Agostino, 2011). Il nuovo corso ha ruotato sin da subito attorno al libro. In alcune stagioni ha puntato anche su arti varie e tempo libero, ma il cuore dell'inserto è sempre il libro, e quindi recensioni, rubriche, segnalazioni varie, classifiche, e un'apertura – di solito di una pagina – che ha spesso un rapporto con l'attualità ma che è comunque quasi sempre legata a una proposta editoriale. Il libro come strumento per capire il presente. Non ha un indirizzo militante e la scelta dei libri di cui si parla si basa essenzialmente su due direttive. Per essere molto sintetici: qualità e mercato. "Tuttolibri" ha una linea autonoma, scarso il rapporto con l'ufficio pubblicità, labilissimo quello con l'ufficio ricerche. L'ultima ricerca sul numero di lettori risale agli inizi degli anni novanta, e ha dato un risultato molto importante: il sabato "La Stampa" vendeva 25.000 copie in più, c'erano – e probabilmente ci sono – 25.000 persone che il sabato acquistano il quotidiano solo perché vogliono leggere "Tuttolibri". Negli ultimi anni ha oscillato tra le dodici e le attuali otto pagine, è un prodotto tradizionale che ha cercato però di intercettare i lettori più tecnologici, con una versione iPad con contenuti aggiuntivi rispetto al cartaceo; si tratta soprattutto di video, interviste a scrittori, recensioni, suggerimenti, in generale un'offerta che sembrerebbe indirizzata a un pubblico più popolare, più interessato al personaggio che al libro.

Il quotidiano "La Sicilia" pubblicava il supplemento "Stilos", che qualche anno fa il poeta Edoardo Sanguineti definì, esagerando, il migliore d'Italia. Purtroppo ha cessato le pubblicazioni nel 2007.

Torniamo su "La Domenica", del "Sole 24 Ore", che festeggia quest'anno trent'anni di vita. È un inserto di alto livello, tra i migliori del mondo. Negli ultimi anni ha cambiato direzioni e linea. Gli ultimi tre responsabili sono stati Riccardo Chiaberge, Giovanni Santambrogio e Armando Massarenti, che lo guida attualmente. Nei primi mesi del 2011 Santambrogio, spinto probabilmente dal direttore del quotidiano Gianni Riotta, l'ha profondamente trasformato, riducendo il formato a un tabloid, cambiando molte firme, inserendo numerosi giovani, cercando di sollecitare dibattiti e polemiche e pubblicando articoli meno impegnativi delle gestioni precedenti, più giornalistici. Il risultato è stato controverso, è sembrato un eccessivo snaturamento, modesti i risultati in termini di vendite e giudizi. Tanto che la guida successiva, quella di Armando Massarenti, è apparsa subito come un ritorno all'ordine, con un ripristino del vecchio formato, il recupero di alcune vecchie firme, la riduzione dei sassi nello stagno e la focalizzazione su recensioni affidate a figure autorevoli. Un ritorno alla specializzazione, talvolta anche ostica, nella convinzione che la serietà e la profondità paghino. Combina le materie più diverse, dai testi classici all'epistemologia, dalla religione alla critica televisiva, dall'attualità alle riflessioni di lungo periodo, dalla filosofia alla neuroscienza, dalla poesia al cinema, dalla scienza alla cucina, dal mercato dell'arte alla moda, dalle mostre al design, dall'architettura ai videogiochi, alla pubblicità. Politicamente polifonico, è però di fondo liberale; culturalmente illuminista, con qualche riserva. L'approccio varia a seconda della materia: più progressista in letteratura, più liberal-conservatore in storia, liberale in economia, vicino alla filosofia analitica. Parliamo di chi firma gli articoli, ovviamente. Più saggistica che letteratura, e della letteratura poco *mainstream*. La prima pagina, l'apertura, è da qualche tempo un racconto, una riflessione, una lunga lettura, insomma. Le direzioni precedenti ci pare cercassero aperture con un maggiore contatto con l'attualità. Le vendite non sono chiare, i responsabili del quotidiano preferiscono non diffondere i numeri, neppure all'interno della redazione. Si è parlato di 100.000 persone che acquistano il "Sole" solo perché c'è "La Domenica", ma è un numero forse eccessivo. Siamo comunque nell'ordine delle decine di migliaia, e non a caso c'è una buona richiesta di spazi da parte degli inserzionisti. Tutta pubblicità mirata, tra l'altro.

Il quotidiano "Liberazione" dal 2005 al 2009 ha pubblicato l'inserto "Queer" (libri e tempo liberato), dai temi e dai toni provocatori, antagonistici, ma è un'avventura che si è conclusa con la direzione Sansonetti. Vanno citati anche "D", l'edizione domenicale del "Secolo d'Italia", simile all'edizione domenicale della "Repubblica", e "Mobydick", il supplemento di arti e cultura del sabato di "Liberal", lanciato da Ferdinando Adornato nel 2008, che dopo inizi eclettici ha virato su articoli seri con buone firme. Sia "D" sia "Mobydick" nel 2012 hanno lasciato il cartaceo.

La mappa degli inserti culturali che troviamo in giro per il mondo è troppo ampia per essere riprodotta, ed è soggetta a continui cambiamenti. È possibile tuttavia dare qualche indicazione. Ci sono inserti – la grandissima maggioranza è settimanale, qualcuno quindicinale – in cui l'architrave, la cifra, la chiave sono la recensione di libri, romanzi o saggi. Altri invece hanno natura più composita, e contengono recensioni non solo di libri, ma di film, dischi, fumetti, TV e radio, in cui insomma non c'è distinzione o gerarchia tra le espressioni artistiche o dello spettacolo, ma si possono trovare anche discussioni, ritratti, interviste. Altri ancora, poi, riguardano in generale il tempo libero, e la cultura può essere una piccola sezione annegata in un mare di *entertainment* o una parte significativa separata dalle altre. Insomma, molta varietà. Tra i primi vanno segnalati gli ottimi inserti dei quotidiani spagnoli, "El País", "El Mundo", "ABC",

"La Vanguardia": generosi, di un'eleganza classica, dedicano a ciascuna recensione diverse colonne, che di questi tempi non è poco. Buoni anche quelli portoghesi, pensiamo in particolare a "Expresso Actual". Altro esempio principe di inserto che fa del libro il suo oggetto centrale è "Le Monde des Livres", del quotidiano francese "Le Monde", di buon livello, più scarno però degli spagnoli. Così come più scarni sono gli inserti culturali del giovedì di altri due quotidiani francesi, "Libération" e "Le Figaro". In lingua tedesca va segnalato l'inserto del "Neue Zürcher Zeitung", da molti definito il migliore d'Europa. A questa famiglia appartengono anche tanti inserti di quotidiani dell'Europa centrale e orientale, che vantano un'ottima tradizione di giornalismo culturale.
Sul versante dei prodotti più eclettici, vi sono soprattutto gli anglosassoni. È specialmente qui che troviamo riviste di natura ibrida, che contengono sottoinserti dedicati ai libri e alle arti in generale, spesso al mercato dell'arte – le riviste del sabato del "Times", "Arts and Books" dell'"Independent", "Weekend" del "New York Times", "Weekend Journal" del "Wall Street Journal", ma anche la rivista "Culture" del "Sunday Times", quella dell'"Observer" e le riviste domenicali dell'"Independent on Sunday" e del "Sunday Telegraph".
Nella stessa famiglia sono da includere anche pubblicazioni come "Life & Arts" del "Financial Times", "Arts & Books" del "Telegraph", "Arts & Ideas" e "Arts & Leisure" del "New York Times", "Arts" del "Washington Post", "Ideas & Books" del "Los Angeles Times", di livello più alto, ma legate alla cultura in senso stretto, alle idee.
Come si diceva, vi sono infine supplementi tutti dedicati alle recensioni di libri, con tutt'al più qualche rubrica e intervista, come le "Book Reviews" del "New York Times", del "Los Angeles Times", del "Washington Post" o l'ottima "Review" del "Guardian", ricca, divisa per generi letterari, molto attenta alla Rete grazie al Guardian Books blog e al rapporto bilaterale con i lettori. In questo fiume di pagine culturali c'è una caratteristica recente che merita una segnalazione: le recensioni sono spesso affidate non a uno specialista ma a un romanziere di fama, e probabilmente qui entra in gioco quel processo di personalizzazione del giornalismo culturale di cui si è parlato in precedenza.

5. L'informazione culturale negli altri media

Ci siamo soffermati sinora quasi soltanto sulla stampa scritta quotidiana, perché essa ha obiettivamente un ruolo centrale nella storia del giornalismo culturale del Novecento. Adesso ci occuperemo degli altri media. Nella seconda metà del secolo scorso a divenire protagonista è stata la televisione, così come all'aprirsi del millennio si è posto al centro della scena un nuovo attore, Internet.

5.1. Le riviste

La storia delle riviste è altrettanto ricca e complessa. Numero e copie delle riviste di lingua inglese sono enormi; in Italia, gli ultimi dati FIEG (Federazione italiana editori giornali) parlano di una diffusione di 11,6 milioni di copie per i settimanali (nel 2007 erano 14 milioni), e 12,6 milioni per i mensili (erano 17). I lettori di periodici sarebbero 33 milioni. All'interno di quest'universo l'offerta di informazione culturale, in qualsiasi senso la si intenda, è ovviamente mastodontica. Per orientarsi occorre fare qualche distinzione. Ci sono le riviste accademiche, che non sono però giornalismo. Ci sono le riviste di cultura, spesso ottime, che raggiungono purtroppo piccoli numeri. E ci sono le riviste generaliste, che quasi sempre hanno uno spazio per la cultura e lo spettacolo. E poi anche centinaia di altre che hanno oggetto e target ben definiti: pensiamo ai settimanali femminili o alle riviste musicali per i giovani, ma che contengono comunque informazione culturale.

Le riviste culturali hanno avuto un ruolo centrale sino al secondo dopoguerra, sono state fucine di dibattiti, idee, scuole letterarie. Da allora, però, è cominciata una lunga crisi che sembra difficile invertire, tanto più adesso, nell'era di Internet. In generale le riviste hanno spesso anticipato alcuni dei passaggi che abbiamo analizzato occupandoci dei quotidiani. La modernizzazione grafica, l'uso delle fotografie, le interviste, la pubblicità a colori, il glamour, le recensioni in pillole sono tutte cose che il mondo dei periodici ha vissuto prima, o se non altro in modo più disinvolto. Una delle trasformazioni più interessanti sta nella progressiva frammentazione del mercato. In alcuni paesi il numero delle riviste è aumentato moltissimo, in altri meno, in tutti, però, c'è stata una segmentazione, una parcellizzazione, la nascita di riviste di nicchia, e il mercato ha risposto alla crescente varietà dei gusti degli utenti. Come per la televisione negli ultimi anni. Ma la tendenza che forse ci interessa di più è quella che riguarda le recensioni, che sulle riviste non specialistiche sono ormai quasi sempre degli agili riquadri, spesso con voti o simboli, destinate a un lettore frettoloso che vuol sapere che cosa valga la pena leggere, ascoltare o vedere.

5.1.1. Uno sguardo all'estero La distinzione appena fatta si può applicare in tutto il mondo ma il panorama è davvero troppo ampio per essere descritto in modo esauriente. Diamo però qualche indicazione. Le riviste di cultura hanno vita difficile dappertutto, e raramente superano le 50.000 copie. Gli Stati Uniti, però, fanno eccezione. Qui le riviste hanno conosciuto un forte sviluppo sin dall'Ottocento, e al contrario che in Europa, dove le maglie della censura restavano strette, sin da allora hanno avuto un contenuto più politico che letterario. La stagione d'oro delle riviste generaliste americane è stata la prima metà del Novecento: "Life", "Time", "Newsweek" e "Look" vendevano milioni di copie, ed erano una notevole fonte di coesione e formazione di valori comuni. Poi è arrivata la frammentazione. Solo tra il 1988 e il 1998 il numero dei magazine specializzati si è raddoppiato. Ciò ha ridotto il predominio delle grandi riviste generaliste, ma non la diffusione e la forza del mercato dei periodici. In America le riviste di qualità, serie, intellettualmente ambiziose, che contengono articoli spesso lunghissimi, che danno largo spazio ai temi culturali e alle firme di scrittori e intellettuali, continuano a resistere, con vendite ragguardevoli. Il "New Yorker" sfiora l'incredibile cifra di un milione di copie a settimana, l'"Atlantic Monthly" sta sulle 450.000, "Harper's" poco sopra le 200.000, "The Nation" sulle 165.000. Con siti internet e versioni digitali molto frequentati. E molta pubblicità, specie le prime, che peraltro non sembra influire sul contenuto.

Nelle riviste, inoltre, è ben presente il dibattito delle idee, lo stimolo culturale, e anche nelle riviste più orientate alla letteratura c'è spazio per le riflessioni sull'attualità politica ed economica. Ovviamente anche negli Stati Uniti ci sono settimanali generalisti che hanno brevi capitoli destinati all'informazione culturale: ci riferiamo ai celebri "Time" e "Newsweek" (che ha recentemente lasciato il cartaceo), nei quali la sezione "Arts" ospita tutti i generi di cultura e spettacolo.
Più fragile il panorama dei periodici europei, nel senso che è difficile trovare riviste comparabili, per qualità e diffusione, alle americane poc'anzi citate. A fare eccezione sono i settimanali tedeschi, come lo "Spiegel", che vende moltissimo (quasi un milione di copie), e "Die Zeit", che vende sulle 400.000 copie ed è davvero notevole per l'informazione culturale. Il suo "Feuilleton" è stato un autentico laboratorio per la cultura tedesca. Giovanni Di Lorenzo, il direttore della "Zeit", ha detto che i numeri che vendono di più sono quelli con una copertina a tema socioculturale. Più deboli, invece, i francesi – "Nouvel Observateur", "Express", "Paris Match" – e gli inglesi. In Gran Bretagna i settimanali generalisti di maggiore qualità o vendono molto ma hanno poco spazio per la cultura – cfr. l'"Economist" – o hanno molte pagine letterarie, ben fatte, ma vendono poco – cfr. lo "Spectator" o il "New Statesman". Qui peraltro ci sono due riviste che meritano una parola, in quanto organi del giornalismo culturale per così dire più puro, il "Times Literary Supplement" (TLS), e la "London Review of Books" (LRB; a New York c'è invece l'ottima "The New York Review of Books", che viene anche tradotta in Italia, la "Rivista dei Libri"). Ormai da anni si sono aperte alla società, estendendo la gamma degli argomenti di loro interesse. Il "TLS", che ha oltre cent'anni di storia, nasce come allegato gratuito al "Times", ma nel 1914 diviene un prodotto autonomo. È stato per decenni uno dei riferimenti del dibattito letterario europeo; vi hanno scritto recensioni molti grandi intellettuali, e negli ultimi anni si è aperto alle discussioni, alle riflessioni sulla politica e sul mondo contemporaneo. Cosa che fa anche, bene, la "LRB" e con uno sguardo ancora più globale la "New York Review of Books". Il "TLS" vende poco oltre le 30.000 copie, la "LRB" oltre le 40.000, mentre la rivista newyorkese sulle 140.000.

5.1.2. In Italia C'è da fare un preambolo importante. Per la stampa periodica italiana, molto più che per i giornali, valgono le parole spese a proposito della stampa britannica. È qui infatti che trova largo spazio il meccanismo dell'ibridazione, del *pot-pourri*, dell'alto-basso. Enorme successo hanno tra l'altro le riviste sullo *showbiz*, sulla televisione e le sue stelle. Il nodo però per noi più interessante riguarda i settimanali generalisti italiani, che sono un ottimo esempio del modello ibrido. Da molto, moltissimo tempo. Se non vogliamo andare indietro sino alle riviste femminili degli anni venti, basta sfogliare qualche numero di "Omnibus" – il celebre settimanale diretto tra gli altri da Leo Longanesi – dei tardi anni trenta. È il primo settimanale stampato a rotocalco – la rotocalcografia è una tecnica che permette alte tirature e buona qualità di stampa nella riproduzione delle fotografie –, ci sono articoli lunghissimi su Spinoza, brevi saggi di Praz sul pugilato, pezzi di Šklovskij, accanto a cronaca mondana, reportage da Hollywood, frivolezze e grandi fotografie popolari.
Subito dopo la Seconda guerra mondiale ci fu una vera esplosione dei rotocalchi, e l'Italia era il paese con la più alta diffusione al mondo. È l'epoca d'oro dei settimanali d'attualità, della "Domenica del Corriere", di "Oggi", "Epoca", "Tempo", "L'Europeo", "Il Mondo", cui si aggiungeranno "L'espresso" e "Panorama". Nel 1950 siamo a oltre un 1.600.000 copie, che vanno dalle 600.000 della "Domenica del Corriere" alle 15.000 del "Mondo". Nel 1955 si arriva a oltre 2.700.000 copie, ma il dato impressionante riguarda l'insieme dei rotocalchi: 12 milioni di copie, 15 nel 1962, 21 nel 1972, quando li acquistano 39 cittadini su 100. Gran parte sono rotocalchi molto popolari, anche scandalistici, con i fotoromanzi e il divismo, ma alcuni di essi sono innovativi e di qualità, vi appaiono reportage, inchieste che coniugano notizia e capacità di raccontare, tra l'altro con uno stile non paludato, incisivo, concreto.
Prospera, a dir poco, la stampa femminile: le riviste per le donne tirano da sole milioni e milioni di copie. La pubblicità è in continua crescita. Un'epoca trionfale alla quale verrà imposto il tramonto dal solito nemico, la TV. Nel settore delle riviste femminili resisterà comunque un nocciolo duro, pur sempre redditizio. Non a caso nel 1996 "la Repubblica" e il "Corriere della Sera" vareranno "D-la

Repubblica delle Donne" e "Io Donna". Una novità che si rivelerà micidiale per altre riviste del settore. In questo campo la guerra dei gadget sarà persino più dura che in quello dei quotidiani. Sui due più longevi settimanali d'attualità, "Panorama" e "L'Espresso", la convivenza di alto-basso risale almeno agli anni sessanta; sono sin dagli esordi riviste con una vena sbarazzina, graficamente provocatorie, con enormi fotografie, molto più progressiste, dal punto di vista del costume, del grosso dei giornali coevi. Ospitano grandi firme della cultura italiana e temi molto popolari, l'ibrido è di casa. I temi culturali sono trattati spesso in modo polemico e provocatorio, specie da "Panorama". Se si confrontano con l'altro grande settimanale dell'epoca, "Il Mondo", le differenze sono macroscopiche. Quest'ultimo appare qualitativamente irraggiungibile, coltissimo, con pezzi lunghi e approfonditi, racconti, corrispondenze, ma temi e modo di trattarli sono recintati, non si ambisce a includere. La diffusione parla da sé: centinaia di migliaia di copie per i primi due, poche migliaia per "Il Mondo".

Ma torniamo all'oggi. Accanto ai settimanali di lungo corso, che continuano ad avere – di nuovo, più "Panorama" che "L'Espresso" – una natura ibrida, con recensioni che tendono a essere sempre più sintetiche, a partire dai tardi anni ottanta sono sorte riviste che accompagnano le corazzate dei quotidiani, riviste assai ricche di pubblicità, con molte belle fotografie e anche interviste e reportage interessanti. Qui – ma forse vale solo per "Sette" – le tre parole chiave, *showbusiness*, *celebrities* e *gossip*, sono passate, e il risultato è un *omnibus* in cui convive di tutto, che può in fondo essere sfogliato da tutti: ci riferiamo a "Io Donna", a "Magazine", a "Style" del "Corriere della Sera", e per "la Repubblica" a "D", "Il venerdì", "XL", a "IL" del "Sole 24 Ore" e a "Vanity Fair". Il più attento alle vicende letterarie era forse il defunto "Specchio" della "Stampa". Al loro interno la cultura occupa uno spazio apprezzabile, non tanto per le recensioni, brillanti e leggibili ma spesso troppo concise, quanto per le interviste, i ritratti, i reportage, le stesse rubriche affidate a intellettuali.

Anche in Italia sono presenti molte ottime riviste di cultura, che hanno focalizzazioni diverse: libri, filosofia, politica e società, scienza ecc. Qualche titolo anche abbastanza noto: "Lo Straniero", "Aut

Aut", "il Mulino", "L'Indice dei libri", "Alfabeta2", "Nuovi Argomenti", "Nuova Antologia", "Micromega", "Lettera Internazionale", "Sapere", "Italianieuropei" ecc. La circolazione è purtroppo piuttosto ristretta, e c'è una costante fatica nel far tornare i conti. La tendenza internazionale, inoltre, ma pensiamo in particolare alle riviste scientifiche, è a una migrazione verso la Rete. È opportuno menzionare per l'attenzione ai temi e alle notizie culturali anche il settimanale "Internazionale", che traduce il meglio della stampa estera, con ottimi risultati di vendita, sopra le 80.000 copie.

5.2. La radio

È un mezzo di comunicazione di massa tradizionalmente generoso con la cultura. Lo è stato sin dalle origini, specialmente in Europa; ha conservato questo carattere lungo una storia secolare e oggi l'ibridazione con i cosiddetti new media sembra fornirle nuove opportunità. È uno strumento che ha conosciuto una storia molto diversa da una parte e dall'altra dell'Atlantico. Negli Stati Uniti si afferma su basi private, sin dai primi passi negli anni venti, e troverà le sue fonti di finanziamento soprattutto nella pubblicità. In Europa, a cominciare dalla Gran Bretagna con la BBC, sarà invece lo Stato a gestire l'etere, e sarà così sino agli anni sessanta inoltrati. In tutto il continente per gran parte della sua storia il servizio pubblico ha avuto come obiettivo le tre funzioni enunciate dal primo direttore della BBC, John Reith: *to educate, to inform, to entertain*.

In Europa è stato dunque uno strumento centralistico – che negli anni dei regimi autoritari ha significato soprattutto propaganda e mobilitazione –, con un approccio pedagogico, paternalistico, tradizionale, con un'offerta iniziale di radiogiornali, musica, commedie, radiocronache, varietà, e poi programmi educativi, conferenze, lezioni, dissertazioni, conversazioni colte, alle quali partecipano critici e scrittori di primissimo livello. Programmi, quest'ultimi, piuttosto elitari, che in Italia già negli anni venti si prendono l'accusa di pedanteria.

C'è un dato non irrilevante ai fini di uno studio della storia dei consumi culturali: nel 1935 "The Listener", un periodico che pubblicava la trascrizione dei dibattiti radiofonici della BBC, aveva una tiratura di 52.000 copie, contro i 2,4 milioni di "Radio Times", che era dedicato a tutti i programmi (Hobsbawn, 2009). A partire dal secondo dopoguerra, seppur in un paradigma per così dire didattico-pedagogico, cominciano a cambiare linguaggio e contenuti, ci si apre di più alla società, al pluralismo, l'offerta radiofonica mostra una maggiore consapevolezza della complessità del pubblico. Sono processi diversi da paese a paese, che meriterebbero una trattazione dettagliata; il punto importante è che, nonostante l'indubbia modernizzazione dell'offerta, solo con l'avvento e poi la gioiosa esplosione delle radio libere e delle radio commerciali il paesaggio muterà. Queste ultime hanno traghettato sulla scena una miriade di voci del paese reale, apportando velocità, semplicità, prossimità (Sinibaldi, 2003; Gambaro, 2009), musica e istanze giovanili, e constringendo le radio pubbliche ad aggiornare i loro linguaggi e il rapporto con il pubblico. Dagli anni settanta all'avvento di Internet non ci sono più state vere rivoluzioni; sono stati decenni di non facile convivenza con la televisione, che ha sottratto alla radio ascolti, successo, centralità. Si è assistito a una progressiva e inesorabile erosione degli ascolti, tanto che la radio sembrava destinata a un destino di marginalità. In realtà anche nel periodo aureo della televisione generalista, gli anni ottanta e novanta, la radio ha mostrato una sua capacità di resistenza – dovuta soprattutto ad alcune caratteristiche intrinseche (l'immediatezza, la mobilità, gli spazi per la riflessione pacata e per le conversazioni collettive, il luogo delle scoperte musicali, e anche, e non è secondario, costi decisamente inferiori alla TV e maggiore libertà rispetto alla tirannia dell'audience e della pubblicità) che le permettono di rispondere a esigenze sociali connettive, identitarie, partecipative (Menduni, 2012) – ed è arrivata alla rivoluzione informatica debole ma viva. Dall'incontro, dall'ibridazione con la Rete e i nuovi media ha tratto nuova linfa. Internet, cellulari, iPod e digitale si sono dimostrati alleati, e la radio sta conoscendo una sorta di seconda primavera. Pure se lontano dai fasti di decenni fa, l'ascolto radiofonico ha ripreso a crescere. I dati sono piuttosto univoci in tutta Europa.

Com'è stata modificata la radio dalla rivoluzione informatica? La risposta vuole una distinzione iniziale, tra modifiche strutturali e modifiche di contenuto. Le modifiche strutturali riguardano il modo in cui oggi si può ascoltare la radio. Tecnicamente sarebbero 18, ma se vogliamo limitarci ai principali: via FM, onde medie, onde lunghe, via digitale, via televisione digitale, via smartphone ma anche cellulare semplice, via iPod, via web e via social network.

Il podcast, poi, che è un sistema che permette di ascoltare sul PC o di scaricare su dispositivi portatili i file con le registrazioni dei programmi trasmessi, e che è diventato uno dei modi più diffusi di ascolto radiofonico – più di 6 milioni di podcast mensili per RadioRAI, il 30% dell'ascolto dei programmi di BBC radio avviene oggi via podcast –, ha rotto il secolare meccanismo dell'ascolto in simultaneità, e permette l'ascolto o il riascolto in momenti successivi alla messa in onda.

I nuovi strumenti, insomma, hanno moltiplicato le possibilità di ascolto radiofonico e la radio si è felicemente ibridata in questa festa comunicativa.

Anche con la grande nemica TV i rapporti sono cambiati. Grazie alla moltiplicazione dei canali e allo spazio nei palinsesti diverse trasmissioni vanno oggi in onda anche in televisione. E non dimentichiamo che grazie alle webcam moltissimi programmi radiofonici si possono guardare su Internet mentre vanno in onda.

Non sono tutte rose, è bene dirlo. Oggi la radio, proprio per via di Internet, ha perso due dei privilegi che la rendevano forte, quello musicale e quello relazionale (Sinibaldi, 2011). Non è più il luogo principale per le scoperte musicali o semplicemente per l'ascolto – i giovani usano la Rete per trovare, ascoltare, scambiare, parlare di musica – e si è indebolita la funzione relazionale, la funzione connettiva, la "propria" radio, l'ininterrotta conversazione identitaria, la radio preferita come luogo di quella che è stata definita (Menduni, 2001) la sincronia emozionale, la condivisione di voci, argomenti, discussioni, funzione che è svolta in modo crescente dai social network. In Europa la radio è cresciuta in termini di ascoltatori complessivi, ma fatica a intercettare il pubblico più giovane, della fascia 18-24.

L'ibridazione ha conseguenze importanti anche sui contenuti. Social network, Twitter, SMS e mail rendono molto più interattivo il rapporto tra chi fa la radio, tra il produttore e chi ne fruisce, avvicinando la radio di oggi all'idea potenziale che se ne erano fatti alcuni grandi studiosi negli anni trenta (Benjamin, Brecht e Kracauer, in contrapposizione ad Adorno, che la vedeva come uno strumento di semplificazione e omologazione, parlava di *radio generation*).

Attraverso questi strumenti, infatti, il rapporto è molto meno unilaterale, gli ascoltatori non solo hanno molti più strumenti per intervenire e partecipare, ma possono proseguire le loro conversazioni su altre piattaforme, e i produttori tengono sempre più conto di quello che si sviluppa fuori delle redazioni: ci sono programmi (ad es. *Raitunes* su Radio2RAI) in cui il conduttore fa sentire brani linkati dagli ascoltatori sul profilo Facebook, con un processo di rimbalzo tra radio, web e ascoltatori, una sorta di social network musicale. Il fruitore come generatore di contenuti, il fruitore-produttore. Il processo decisionale è divenuto più condiviso (Bonini, 2006 e 2013; Zanchini, 2012).

Per l'informazione culturale, ma direi più in generale per la cultura, è soprattutto il podcast a rappresentare una novità importante. Sono principalmente le trasmissioni culturali, quelle con un contenuto pedagogico, a essere scaricate. Sono queste ad avere una natura che resiste di più all'usura del tempo, a essere più durevoli rispetto a un'effimera trasmissione giornalistica. Attraverso il podcast o il riascolto, in altre parole, si rompe il cosiddetto orologio sociale, ma si amplia il bacino dei contenuti culturali.

La marginalità della radio, inoltre, ha significato maggiore libertà rispetto alla tirannia dell'audience e della pubblicità, e quindi maggiori opportunità per l'offerta culturale. Strutturalmente ha molti punti di forza e qualche debolezza. Tra i primi vanno citati la gratuità – comune peraltro ad altri mezzi –, i costi di produzione non eccessivi – un'ora di radio costa in media un ventesimo di un'ora di TV –, e la presenza di un servizio pubblico autentico, nettamente più forte che in televisione. È un mezzo generoso con le voci non ortodosse o minoritarie: nel lungo arco delle ventiquattro ore trovano ospitalità temi, persone che spesso faticano a trovare spazio su altri mezzi. Tra i punti deboli, come si diceva, il fatto di essere spesso ritenuto uno strumento marginale nel panorama mediatico – più in alcuni paesi che in altri – e di essere per caratteristiche intrinseche un medium volatile, dove le parole non sono destinate a restare e su cui quindi l'industria culturale investe meno che altrove.

Gran parte dei paesi europei ha un canale radiofonico culturale pubblico. In alcune nazioni, *in primis* Francia e Regno Unito, c'è sia un canale culturale di parola sia un canale musicale: France Culture e France Musique, BBC Radio3 e Radio4. In Germania la radio pubblica è su base regionale, ogni Land ha diversi canali, tra i tre e i sei, e solitamente tra questi ci sono un canale culturale e un canale di musica classica. In Italia c'è Radio3RAI che svolge le due funzioni. Non dimentichiamo peraltro la presenza della Filodiffusione, che tuttavia si riceve solo in alcune grandi città.

Una distinzione che occorre tenere a mente è quella tra notiziari e programmi. Nei primi struttura e agenda sono piuttosto simili a quelle degli altri mass media, ci sono in altre parole meno libertà e forse audacia che nel resto della programmazione. I titoli di un giornale radio del mattino corrispondono più o meno alla prima pagina di un quotidiano. In linea generale la presenza e il tipo di cultura all'interno dei notiziari dipendono da tre fattori: lunghezza dei notiziari, ampiezza della redazione culturale, ascoltatore-tipo. Il primo fattore è abbastanza ovvio. In un giornale generalista, in cui si dà conto di ciò che accade, ci sono una scaletta, una gerarchia, un ordine di priorità che vedono solitamente lo spettacolo e la cultura all'ultimo posto. Più spazio c'è, dunque, più possibilità ci sono che questi temi entrino nel giornale. Ovviamente dipende molto da fattori contingenti, quali la sensibilità del direttore o la linea editoriale, o dal tipo di ascoltatore, ma in genere si tende a relegare questi temi in fondo all'agenda. I notiziari della radio impongono concisione, sono più selettivi di un quotidiano, non sono il luogo deputato all'approfondimento.

Negli ultimi decenni c'è stata una generale ritirata, nel senso che nel mondo occidentale trent'anni fa i GR delle radio di Stato duravano di più; la limatura più corposa va fatta risalire agli anni novanta, ed è stata spesso una delle risposte alla sfida della velocità messa in campo dalle radio private (Crook, 1998). In media i notiziari delle grandi radio europee durano dai 5 ai 20 minuti, e in questo tipo di notiziari la cultura entra di rado, quando è legata a un grande evento, di quelli ritenuti in grado di interessare il pubblico più largo. Restano nelle grandi radio europee alcune isole di lunga durata, sino a un'ora, ma anche lì la cultura è l'ultimo argomento della scaletta, non sempre trattato. Le notizie che hanno maggiore possibilità di trovare spazio in un notiziario sono i premi (letterari, musicali e talvolta architettonici), le morti di autori e artisti noti, e in subordine le aperture di grandi mostre. Possono entrare anche la cosiddetta cronaca culturale, ad esempio il furto di un'opera, la vendita di un quadro, il dissesto di un teatro, e le questioni di politica culturale. Quest'ultimo tema soprattutto in Francia. Più possibilità di trovare spazio – si parla sempre in termini sommari – ha invece l'universo dello spettacolo, specie musica "leggera" e cinema, ritenuti argomenti di maggiore popolarità.

Questo tipo di impostazione vale in generale per i notiziari delle radio pubbliche, private, comunitarie. In linea di massima non si distinguono i canali pubblici che si occupano specificamente di cultura, ma è un'affermazione che occorre precisare. In molti canali la scelta deriva dal fatto che si ritiene che in una radio che dedica gran parte della programmazione a temi culturali sia preferibile dare priorità alle altre notizie. Non mancano le eccezioni, ovvero quei notiziari che si occupano solo di informazioni culturali. Un buon esempio è il "Foglio Volante" della radio della Svizzera italiana Retedue, o qualche anno fa il glorioso "Giornale del Terzo"(Radio3RAI), che aveva una ricca e approfondita Terza pagina.

Se questo è il panorama generale, occorre dire che c'è anche qualche caso differente, ovvero paesi in cui l'informazione radiofonica– soprattutto pubblica – dà sensibile spazio alla cultura. Parliamo dei paesi dell'Europa dell'Est, dove peraltro c'è una tendenza alla riduzione, ma parliamo anche dell'Italia. Anche il nostro paese ha conosciuto – molto di recente – una riduzione generale della durata dei giornali radio, ma al contrario che nei casi esaminati sinora, la presenza della cultura e dello spettacolo in un GR della radio pubblica italiana è la normalità. Nelle edizioni lunghe del GR1 e del GR2 il giornale viene solitamente chiuso da due pezzi provenienti dalle redazioni spettacolo e cultura. Non c'è una regola e la presenza varia a seconda delle edizioni, ma va notato che nelle riunioni che preparano i giornali viene quasi sempre lasciato uno spazio allo spettacolo e alla cultura. Cosa significa questo? Significa anzitutto che c'è una copertura quotidiana dell'attualità culturale, e che quindi la cultura *non* entra nei giornali solo in occasioni speciali, come si è visto nei

casi precedenti. Si coprono la politica culturale, mostre, la scomparsa di artisti o intellettuali anche minori, libri in uscita, festival e fiere, talvolta polemiche, e spesso si cerca di fornire quello sguardo culturale sull'attualità di cui si è parlato più volte. In generale sull'informazione dei GR si ritrova buona parte delle notizie che compaiono sulla carta stampata, cosa che all'estero accade con più difficoltà.
Le righe che precedono riguardano soprattutto i canali pubblici, ma il discorso non esclude le radio private. Anche nei loro notiziari – ci si riferisce soprattutto a Radio 24, Radio Popolare, Radio Capital, RDS (Radio dimensione suono) – compaiono con una certa frequenza notizie o servizi su eventi culturali.
Si diceva della distinzione, importante, tra informazione pura e programmi. Della cronaca culturale sui notiziari si occupano i giornalisti della redazione, specializzati o meno. Della seconda in genere programmisti registi, collaboratori esterni, assistenti. Nella maggior parte dei casi chi scrive e struttura il Giornale Radio ha una formazione da giornalista puro e quindi ha in testa un'agenda che tende a collocare i temi culturali alla fine del giornale in quanto pensa a un pubblico generalista, non specializzato. Il programmista-regista, il curatore di programmi, ha invece spesso una formazione più specializzata e un orientamento meno giornalistico. Il punto è che non è semplicissimo fissare i recinti, nel senso che soprattutto in Gran Bretagna, ma negli ultimi anni anche in Italia, ci sono continui passaggi di campo. Capita ad esempio che le trasmissioni culturali di RadioRAI vengano organizzate e condotte sia da giornalisti sia da programmisti-registi sia da figure esterne, così come su Radio1 negli ultimi anni le trasmissioni sono state sovente condotte da giornalisti del Giornale Radio.
In Gran Bretagna, le professioni radiofoniche tendono a essere meno rigidamente distinte che in Italia. Le figure dei *reporters*, *presenters*, *producers* ed *editors* sono più interscambiabili delle nostre, grosso modo il *reporter/presenter* è chi va in voce; il *producer* chi si occupa di struttura e organizzazione, decide che cosa fare, che cosa mettere, il che è comunque lavoro editoriale; l'*editor* è il responsabile del programma. Possono essere tutti giornalisti. È interessante notare che, al contrario che in Italia, i servizi dei redattori culturali vanno più spesso nei programmi, di informazione e non, che nei notiziari.

Siamo arrivati ai programmi. Spazi in cui la presenza di cultura, in qualsiasi senso la si intenda, è cospicua. Non solo nelle radio pubbliche. Anche le radio comunitarie e, in modo più marginale, le stazioni commerciali – l panorama è quasi infinito ed è ovviamente impossibile generalizzare – portano acqua al mulino della cultura. Le radio private nazionali dedicano un discreto spazio alla scena culturale, in qualche caso con programmi anche abbastanza lunghi nella preziosa fascia del mattino – il programma di attualità di cultura e spettacoli di RTL in Francia è il più ascoltato della fascia 9-9.30 – e le radio locali si occupano spesso di cultura e spettacoli (DeWerth, Meyer, 2003). Un esempio per tutti sono le radio di Berlino.

Su quasi ogni canale culturale europeo – oltre, com'è ovvio, alla mole di concerti, radiodrammi, documentari, interviste con artisti e intellettuali, approfondimenti giornalistici ecc. – è presente uno o più programmi di attualità culturale, in cui si dà conto della scena contemporanea, si parla di libri, si invitano autori, si stimolano discussioni. Solo per fare qualche esempio di questo genere di trasmissioni, e ricordando sempre che il mondo editoriale è costantemente in fermento e che magari quando leggerete queste righe le trasmissioni citate non esisteranno più, sostituite da qualcos'altro: *Fahrenheit*, tre ore di libri e idee nel pomeriggio di Radio3RAI, *Nightwaves* su BBC Radio3 (ideas & culture & arts), *Front Row* su BBC Radio4 (arts news), *Les matins de France Culture* e *La Grande Table* su France Culture, *Service public* su France Inter, i programmi pomeridiani di France Classique ecc.

Come si accennava, sarebbe peraltro sbagliato limitare la presenza di attualità culturale ai soli canali pubblici specificamente destinati alla cultura: i programmi culturali sono in realtà piuttosto trasversali e magari con stili e approcci diversi entrano sia nelle altre stazioni pubbliche sia nelle radio comunitarie e commerciali. Per fare qualche esempio, nel caso della BBC persino su Radio 5 Live, che è un canale di sport e informazione. Il pomeriggio c'è uno spazio in cui un giornalista intervista anche scrittori, in chiave popolare, con la partecipazione del pubblico. In Francia *Esprit Critique* su France Inter o all'interno dell'incalzante palinsesto di France Info, *Info culture* e *Info plaisir*, e d'estate a *Un livre, une histoire* o *Un été culturel*. È anche il caso di RadioRAI, pensiamo su

Radio1 a programmi – non più in onda – come *Il Baco del Millennio* e poi a *Nudo e crudo*, o a trasmissioni in onda come *Start*, o sempreverdi come *Con parole mie*, *Tornando a casa* e *Zapping*, ma anche a rubriche come l'*Argonauta*, e ancora programmi come *Caterpillar* o rubriche come *Alle 8 della sera* su Radio2. Programmi di attualità culturale, non di rado molto buoni, sono presenti su Radio Vaticana, Radio 24, Radio Capital, ma anche su radio con una forte identità politica, come Radio Popolare (pensiamo a *Sabato Libri*), Radio Città Futura, Radio Onda Rossa e Controradio. Anche le radio più commerciali, comunque, come RDS, hanno finestre dedicate all'attualità culturale e talvolta autori che intervengono nelle trasmissioni.

Per concludere, in linea generale l'offerta culturale sulla radio, e in particolare sulle radio pubbliche, è ricchissima. Il discorso è invece diverso per quel che riguarda il giornalismo culturale in senso stretto, che si muove all'interno di griglie abbastanza costrittive. Il caso italiano, come si è visto, ha caratteristiche peculiari; l'informazione culturale ha trovato spazio costante anche nei GR. È importante che accada questo? La risposta non è così certa, perché come si diceva ci sono diverse ottime radio europee che hanno GR brevi o GR con pochissima informazione culturale, ma molti programmi di attualità culturale in cui possiamo trovare quelle stesse informazioni. Bisogna tuttavia avere presente che in genere durante i notiziari l'ascolto è più alto, e quindi l'informazione culturale può raggiungere un bacino più vasto. In secondo luogo la presenza di cultura all'interno dei notiziari può essere un messaggio, una trasmissione di significati e valori: la cultura, lo spettacolo fanno parte dei temi importanti della quotidianità, sono elementi giornalieri delle nostre vite. In ogni caso, perché in Italia accade? La risposta va cercata tra i punti che si sono evidenziati poco fa, ovvero durata dei notiziari, struttura della redazione, formazione dei giornalisti, ma si può indagare anche in un'altra direzione, ovvero nella storia e nella natura del nostro sistema informativo, un sistema in cui la Terza pagina e l'informazione culturale hanno tutt'oggi peso, spazio, influenza, dal "Corriere della Sera" sino all'ultima gazzetta di provincia. Non dimentichiamo, a questo proposito, che il campo giornalistico è tra i più autoreferenziali, è un sistema in cui è fortissimo il principio imitativo.

5.3. La televisione

Diverso e più complesso quel che accade in televisione. È tuttora il medium più diffuso e pervasivo, avrebbe potenzialità immense. Su di essa, sul suo uso, sul suo ruolo, sulle sue funzioni metacomunicative, metalinguistiche, sono state scritte biblioteche e sono state forse spese più parole che per qualsiasi creazione umana del secolo scorso. Gran parte delle teorie dei media del Novecento la mettono al centro delle proprie interpretazioni. È assurta a simbolo stesso della società dei consumi e della cultura di massa. Nonostante una piccola ma costante erosione del pubblico della televisione generalista, e nonostante il consumo di TV sia destinato a mutare soprattutto per via della Rete, resta il cuore del sistema mediatico. Il rapporto CENSIS del 2008 la definiva «la regina dei media di tutti i principali paesi europei». È ancora così? Probabilmente no, Internet è adesso il cuore del sistema mediatico, un ecosistema, come vedremo, all'interno del quale agiscono tutti i media, e in cui la televisione conserva una sua centralità, basti pensare ai dati sui consumi mediatici che si citavano nella *Prefazione*. Come vedremo tra poco, le trasformazioni nel modo di guardare la TV hanno fatto aumentare il consumo di TV (Rapporto CENSIS-UCSI, 2011 e 2012) e non dimentichiamo, inoltre, che nelle risposte alle ricerche e ai sondaggi molte persone dichiarano di vedere meno televisione di quanta in realtà ne vedano davvero (dossier "Economist", 2011).

La televisione resta un mezzo di enorme potenzialità formativa e informativa. Nei paesi con un alto numero di analfabeti – ad esempio India, Brasile – si fa carico di un grande sforzo di educazione; molte economie emergenti affidano alla televisione una componente significativa della formazione.

È il crocevia attraverso cui si formano modi di pensare, argomenti di conversazione, gerarchie. Come emerso più volte nel corso di questo libro, la televisione non è soltanto lo strumento attraverso il quale passano contenuti, ma è essa stessa cultura. Cultura in questo caso intesa come insieme di comportamenti e modi di pensare, guardare il mondo – cultura in senso materiale, insomma. Lo sono tutti i media, ovviamente, è quasi superfluo ricordare la celeberrima frase di Marshall McLuhan "il medium è il messaggio", ma la televisione lo è stata e lo è più di tutti. Per una forte, radicata linea di pensiero è stata ed è ancora il simbolo del medium "cattivo maestro", semplificatore, banalizzante, che rende passivi e atrofizza il pensiero critico, come se ci fosse una netta separazione tra televisione ed educazione. È stata dimostrata la relazione tra consumo di TV e calo dell'impegno civico (Putnam, 2004). Riflessioni che – come in generale le teorie generali sui media cui abbiamo fatto qualche cenno – sono state contestate, corrette, c'è stato insomma un notevole affinamento anche da parte di chi ha comunque un atteggiamento di fondo "apocalittico". Molte voci contemporanee insistono sulla complessità della relazione tra le persone e la televisione, e cercano di far emergere come la TV svolga una funzione di conferma e amplificazione di quanto già presente nel patrimonio intellettuale ed emotivo dello spettatore, e di come quest'ultimo sia comunque capace di un'elaborazione attiva e consapevole di ciò che riceve.

La televisione è tutto questo ma è anche vettore di cultura in senso stretto, ovvero informazione culturale, dibattiti culturali, produzione culturale. In questo senso l'esame non è dissimile da quello della radio. Si può dire che storicamente la cultura in televisione abbia vissuto la stessa vicenda biografica del mezzo, che nasce come strumento di formazione e informazione, quindi fortemente pedagogico, ma poi evolve in varie direzioni, con un peso crescente dell'offerta commerciale.

In tutti i paesi – ed è quasi la totalità del paesaggio – in cui lo Stato ha dato il via alle trasmissioni TV e ha detenuto per un lungo periodo iniziale il monopolio dell'etere, la televisione ha svolto una funzione molto controllata: educativa, informativa, paternalistica, spesso ancillare dei partiti al governo o in Parlamento. Ciò ha significato che la cultura ha trovato largo spazio, perché considerata uno strumento di formazione e crescita delle masse. In particolare per il nostro paese ha significato un grande sforzo per la creazione di un patrimonio culturale comune a una cittadinanza che partiva da enormi differenze di alfabetizzazione e strumenti culturali. Di quel tipo di offerta si può dire tutto il male possibile – che fosse benignamente paternalistica e conservatrice, che non avesse rapporti con buona parte del paese reale, che non fosse capace di comprendere cosa si muoveva al suo interno, che fosse troppo legata alla cultura scritta e letteraria – ma è innegabile che si sia tradotta in una larga messe di programmi e produzioni che hanno fatto crescere l'Italia. Una televisione scolastica, insomma (Farnè, 2003). Qualche esempio: la lunga stagione degli sceneggiati televisivi, che hanno raccontato per immagini i grandi romanzi che pochissimi italiani avevano letto; il maestro Alberto Manzi e *Non è mai troppo tardi*, dal 1960, che portò alla prima alfabetizzazione legioni di italiani; *Appuntamento con la lettura*, con Giorgio Albertazzi; la *Telescuola*, tra il 1958 e il 1962. Un'epoca televisiva monolitica, con audience inimmaginabili oggi.

Se la storia della televisione dei diversi paesi europei è grosso modo comparabile, un modello differente è invece quello americano. Lì la televisione si diffonde a partire dalla fine degli anni quaranta – cinque, dieci anni prima che in Europa – e segue un percorso molto simile a quello della radio, nelle mani di un oligopolio privato. Negli USA sin dagli albori si afferma la televisione commerciale, mentre in Europa sarebbe arrivata a partire dagli anni settanta; in Italia la regolamentazione è cominciata nel 1976, a seguito di una oggi celeberrima sentenza della Corte Costituzionale. Il successo sarà prepotente, dapprima con un boom di TV locali, poi con i network che daranno vita al sistema Fininvest.

Il paesaggio italiano – comunicazione, politica, cultura, persino antropologia – ne è uscito stravolto. C'è chi l'ha definito un vero e proprio ribaltamento nell'egemonia dell'immaginario degli italiani (Colombo, 2012, p. XII). Nel caso dell'offerta culturale il mutamento è stato lento ma radicale, nel senso che ha cambiato il paradigma. Tra il 1977 e il 1983 sono stati documentati la riduzione delle funzioni di servizio pubblico (in termini di programmi culturali e informativi) e l'aumento della dimensione dell'intrattenimento (Gozzini, 2011, p. 87).

Umberto Eco ha parlato del passaggio dalla paleotelevisione, con il suo pubblico da educare, alla neotelevisione, con la sua audience da conquistare (Eco, 1983, p. 163). È probabilmente errato tentare spiegazioni solo meccaniche dei processi evolutivi di un mezzo di comunicazione di massa e dire che la televisione commerciale è responsabile dell'arretramento della TV di qualità, perché è all'evoluzione di tutta la società che occorre guardare. Tuttavia è indubbio che laddove un tempo il palinsesto veniva costruito in base a criteri educativi-divulgativi-informativi – che a partire dagli anni sessanta videro anche l'ingresso del plura-

lismo politico e poi, dal 1975, della cosiddetta "lottizzazione perfetta" (Mancini, 2009, p. 25) – con l'arrivo della televisione commerciale tutto cambia. TV commerciale significa concorrenza, domanda di spazi pubblicitari, lotta per l'audience e appunto per la pubblicità, inseguimento dei desideri del pubblico, corsa al reclutamento dei divi più popolari, offerta al ribasso. Ciò ha ricadute sul servizio pubblico, che non può più soltanto educare e rappresentare le voci del paese, ma deve anche competere sul mercato, e ovviamente tutto ciò tocca l'offerta e la collocazione della cultura, perché l'eccellenza e la complessità in televisione passano con crescente difficoltà, raccolgono piccoli numeri e spesso ciò che piace alla maggioranza non è qualitativamente degno di nota. Sono fenomeni ovviamente non solo italiani (Bourdon, 2011), ma l'eccezione italiana riguarda probabilmente la politica e la sua incapacità di approvare riforme serie e dare sbocchi e risposte alla mutazione individualistica (Gozzini, 2011, p. XII). Una mutazione che troverà il suo massimo interprete, culturale e poi politico, in Silvio Berlusconi (Colombo, 2012). Non a caso sino all'avvento delle TV commerciali la rilevazione degli ascolti era più di tipo qualitativo che quantitativo.
Sempre procedendo per schemi, il capitolo successivo è quello dell'offerta multipolare. A partire dagli anni novanta si moltiplicano le piattaforme: satellite, digitale, pay TV, IPTV (Internet Protocol Television), adesso TV via Internet. Molti più canali e molta più offerta, anche in chiaro e gratis, dapprima con il satellite, poi con il digitale terrestre. E molto più uso in mobilità, con la diffusione della cosiddetta mobile TV sui tablet e sugli smartphone.
Le televisioni satellitari, grazie soprattutto a Sky, sono passate nel primo decennio del nuovo millennio dal 2,4 al 10,7% di audience.
Decisamente rilevante è stato anche il passaggio – ormai su tutto il territorio italiano – dall'analogico al digitale. Il digitale ha permesso la moltiplicazione dei canali, la crescita dell'offerta, e ha consentito al servizio pubblico quasi un ritorno all'antico. Oggi la RAI – ma è lo stesso per diversi servizi pubblici europei – può tornare a differenziarsi dalle TV commerciali, grazie a un'offerta che si dispiega su 14 canali.
Ma il fenomeno più interessante della contemporaneità è probabilmente quello della fruizione non lineare della televisione, della visione dei programmi in momenti diversi da quello in cui vengono messi in

onda grazie a siti come Youtube – che, ricordiamolo, è stato acquistato da Google e nel 2011 ha superato i mille miliardi di contatti per i suoi video –, ai frammenti di TV che ci si scambia attraverso i social network, agli smartphone e ai tablet e alle applicazioni gratuite, a console da gioco che permettono l'accesso ai contenuti TV e a televisioni che puntano molto sull'*on demand*. In questo senso è stata Sky a fare da apripista. Sky in Italia ha 5 milioni di abbonati, il 30% ha il servizio My Sky, che facilita le registrazioni, e quindi l'uso non lineare della televisione. Per fare un esempio, a febbraio 2012, i programmi visti in modalità differita sono stati 25 milioni.

Ma gli altri attori non restano certo fermi. La RAI ha lanciato Replay; Mediaset, Premium Play e c'è anche la Cubo TV di Telecom Italia e Chili TV, piattaforma promossa da Fastweb, adesso indipendente. L'espressione più in voga per descrivere questo tipo di televisione è *catch up TV*.

L'auditel adesso monitora, oltre agli ascolti in diretta, il VOSDAL (Viewing on Same Day Almost Live), il *time shifted viewing* e l'*on demand* (entro 7 giorni). Non a caso i pubblicitari parlano di durata maggiore del ciclo di vita dei contenuti, e di visione olistica dell'investimento pubblicitario. Nei primi mesi del 2012 i dati confermavano la crescita dell'uso non lineare: il VOD (Video On Demand) è utilizzato da circa due milioni di persone, oltre la metà grazie al satellite. È soprattutto il pubblico giovanile che si sta sganciando dalla TV che abbiamo conosciuto nel corso del Novecento. Al posto del prime time si sta affermando il "mytime" (Siliato, 2012); forse tra non molto tempo il crollo in poltrona a guardare qualsiasi cosa passi la TV sarà un retaggio del passato. Eccoli, i numeri generali: si è passati dai 249 minuti medi al giorno del 2007 ai 268 del 2011 (fonti: ISTAT e CENSIS; la Fondazione Rosselli parla di una crescita da 238 a 258 minuti dal 2006 al 2010). È molto interessante il dato americano, visto che gli Stati Uniti nel campo mediatico sono sempre stati anticipatori. Per la prima volta da anni nei primi mesi del 2012 c'è stato un calo di spettatori nella fascia prime time, quella serale dalle 20.30 alle 22.30, sia nei network tradizionali sia nelle TV via cavo a pagamento, in fuga appunto verso nuove forme di fruizione, ossia su PC e tablet in orari personalizzati, o grazie alla grande diffusione del DVR, il digital video recording, o all'abbonamento ai servizi di Netflix, o ancora all'acquisto nei negozi online come iTunes di Apple o Amazon. Uno spostamento che si spiegherebbe con la maggiore possibilità di scelta che offre la televisione on demand.

È in forte crescita anche la televisione via streaming. Anche in Italia si stanno moltiplicando le web TV: nel 2011 hanno superato quota 600. Puntano molto sulla cronaca locale. Anche le tendenze pubblicitarie sembrano portare acqua al mulino dell'online. Le inserzioni, ricordiamolo, sono in calo in tutti i settori mediatici tranne Internet. Le previsioni ci dicono che nel 2013, a livello mondiale, gli investimenti online supereranno quelli della carta stampata. Non va dimenticata, però, una questione ancora irrisolta che riguarda la pubblicità e l'on demand. Chi usa questi strumenti – specie il DVR – salta la pubblicità, non vuole interrompere la suspense dei serial, e inserzionisti e industria TV ancora debbono trovare soluzioni, accordi.

Come nel caso degli altri media, anche la televisione sta diventando sempre più interattiva: si tratta della cosiddetta Smart TV, che permette di videochiamare, leggere il giornale, chattare mentre si guarda la partita, controllare il traffico ecc. Le previsioni di crescita della Smart TV sono alte.

In sostanza la Rete sta rivoluzionando anche il medium dominante del Novecento; in tutti i paesi occidentali – quelli dove è diffusa la banda larga – non fa che crescere la quota di televisori con connessione a Internet. Negli Stati Uniti Netflix ha ormai quasi 30 milioni di utenti, e vende contenuti audiovideo a domicilio tramite l'online. In Italia è da poco partita Chili TV e dovrebbe decollare Anica, piattaforme di film online con migliaia di titoli. Negli Stati Uniti i ricavi online del cinema nel 2011 hanno toccato i 2 miliardi di dollari; in Italia 20 milioni, ma le previsioni sono per una moltiplicazione in tempi brevi.

Ormai non si può più parlare di differenti media, ma di contenuto audiovisivo che viene fruito su differenti device, quali tablet, smartphone, console.

Gli effetti sul pubblico sembrerebbero rilevanti. Esso si segmenta e andrà sempre più segmentandosi, la fruizione si farà sempre più personalizzata. All'inizio del 2012 in Italia i sei canali generalisti più La7 raccoglievano circa il 71% dell'audience generale e l'84% delle risorse pubblicitarie complessive. Cinque anni prima l'audience dei sette generalisti era attorno all'85%.

Oggi si parla di tre fasce di telespettatori: una tradizionale che guarda molta TV generalista, una seconda fascia più attiva che sceglie i programmi e il modo di vederli, e una terza, più giovane, che cerca l'audiovisivo su altri mezzi, interagendo con diversi strumenti di comunicazione (Barca, 2011).

Tra le conseguenze possibili c'è quella di una crescente separazione tra offerta generalista e offerta tematica. L'audience dei canali tematici è generalmente più benestante e con più potere d'acquisto, e quindi uno dei rischi è che la qualità, l'innovazione lascino la TV generalista e puntino su quella tematica. Negli Stati Uniti gli anziani poco tecnologici o gli abitanti di zone rurali, che fanno affidamento solo sui network generalisti gratuiti, lamentano che i contenuti sono sempre meno interessanti e informativi. Le antiche preoccupazioni sui pericoli del pesante impatto unidirezionale di certa televisione potrebbero tra non molto riguardare fasce di popolazione marginali, il che paradossalmente è ancora più inquietante.

Per la televisione generalista gratuita diventa forse anacronistico preoccuparsi del ruolo pedagogico, dei programmi culturali, perché grazie al digitale terrestre e alla moltiplicazione dei canali quel tipo di offerta – se la si cerca – si trova.

Pensiamo a RAI5, che debutta alla fine del 2010 ed è un canale con un palinsesto variegato che potrebbe far pensare alla franco-tedesca Arte, con investimenti anche nel teatro in TV in alta definizione, o alla crescente offerta di RAI Educational (anche nel sito), che collabora con istituzioni culturali e ministeri in modo da offrire contenuti di alto profilo educativo e formativo, o a RAI Scuola, che prova a portare la filosofia in TV – pensiamo a un programma come *Zettel*, ideato da Gino Roncaglia e Silvia Calandrelli – o ancora a RAI Storia e RAI Movie.

E tuttavia il nodo della qualità dei canali generalisti resta. Per le ragioni accennate poco fa – i rischi di marginalizzazione del pubblico più sguarnito – e perché, anche per banali questioni di telecomando, sono i canali generalisti a essere i più visti, quelli su cui si investono più soldi, ed è lì che tutt'oggi si misura la qualità dell'offerta. In un'epoca di frammentazione e segmentazione sono proprio quei canali a poter svolgere un ruolo di collante sociale, di ancora, di stimolo, di luogo in cui la comunità nazionale si ritrova in riti e valori condivisi. È quello che il contratto di servizio con il ministero delle Telecomunicazioni chiede al servizio pubblico, ed è quello che tutt'oggi riesce a fare la BBC. Il servizio pubblico britannico è riuscito a presidiare vecchi e nuovi media e a trasformarsi in una piattaforma multimediale che in sostanza riaggiorna con gli strumenti di oggi il vecchio obiettivo del *to educate, to inform, to entertain*.

Il pericolo, non ci si stancherà di dirlo, è di abbandonare una parte della popolazione a una televisione che è figlia di un sistema che produce pigrizia e conformismo (Dorfles, 2008 e 2010), un apparato della comunicazione che riproduce i valori di un paese che molti descrivono come da anni in declino. L'Italia tra l'altro ha il primato del servizio pubblico più forte: lo share medio nel 2011 è sopra al 40%, la BBC e France TV sono attorno al 31%, la televisione pubblica tedesca poco sotto.

Non ci si deve dimenticare, in ogni caso, che il servizio pubblico ha obblighi specifici che nascono dal contratto di servizio appena citato. Anche i privati, in quanto titolari di concessione, hanno degli obblighi, ma la RAI ha missioni specifiche. Il 65% dell'offerta televisiva tra le 6 e le 24 (l'80% per RAI3) dev'essere dedicata ai cosiddetti generi di servizio pubblico, tra i quali ci sono la promozione culturale, lo spettacolo, la valorizzazione delle specificità culturali delle regioni ecc. Il problema è che, come si vedrà più avanti, generi e sottogeneri sono categorie spesso vaghe, di difficile definizione, la qualità è un concetto elusivo, e non è ancora stato istituito un vero sistema di monitoraggio.

Questa considerazione ci porta a un ulteriore nodo, che riguarda il concetto stesso di cultura, e in particolare di cultura in televisione, perché ci pare che valga qui, e rafforzato, il discorso sul significato della parola cultura. Anche per la TV può prendersi l'accezione estensiva del concetto, per cui tutto è cultura, e non solo i programmi specificamente pensati come culturali. E quindi tutto – anche le televendite, anche i reality più beceri – ha una funzione formativa, perché in ultima analisi tutto propone, se non valori, significati. È un punto di grande importanza, perché c'è il rischio di un equivoco di fondo.

Uno dei più attenti critici e studiosi della TV (Grasso, 2008) batte da anni su questo tasto: la cultura in televisione non sta nel numero di trasmissioni su libri, teatro od opera, ma nel tipo di palinsesto, di programmi, di fattura, di tecnica e grammatica televisiva. Si può parlare di "cultura del mezzo" e "cultura nel mezzo"; è alla prima che si riferisce Grasso, un modo colto o culturale di fare TV. La cultura della paleotelevisione non era in fondo che una ripresa di forme alte di media precedenti.

Non è Grasso il primo ad averlo sostenuto in Italia (Delbecchi, 2009). Pensiamo a uno scrittore, e genio dell'umorismo, come Achille Campanile (2003, prima ed. 1983), e in modo indiretto a un altro acuto intellettuale e critico televisivo, Beniamino Placido (1993). Ne ha parlato anche un letterato e scrittore che ha lavorato per la TV e l'ha descritta nei suoi romanzi, Walter Siti: «La TV è colta quando sconcerta, non quando è un rassicurante bene-rifugio, quando rompe la propria liturgia, scombussolando i generi, le scintille d'intelligenza possono trovarsi ovunque, anche nel pop e nel trash» (Siti, 2009).

La televisione – ha detto Piero Angela, uno dei padri della TV divulgativa – deve puntare alla contaminazione: «Vedendo le reti generaliste una persona si deve imbattere in programmi di vario tipo, che se fossero relegati in una sola rete specializzata non vedrebbe mai» (Angela, 2012).

Questa impostazione comporta che la qualità della televisione non dipenda dal numero di ore dedicate ai temi che tradizionalmente consideriamo di cultura in senso stretto ma, come si diceva, dalla struttura di un canale, dal palinsesto. Anzi – ostiene sempre Aldo Grasso – nel nostro paese spesso i peggiori programmi culturali sono quelli che parlano esplicitamente di cultura perché altezzosi, sentenziosi, seriosi, ammiccanti, fatti da e per i devoti della cultura, incapaci di sfruttare le caratteristiche specifiche del mezzo, laddove la cultura (sempre in senso lato) passa altrove.

Passa, per citare esempi di ieri, per trasmissioni che si ponevano altri fini: *Campanile sera*, *Viaggio nella valle del Po alla ricerca di cibi genuini* di Mario Soldati, *Il processo alla tappa* di Sergio Zavoli, le trasmissioni degli anni ottanta di Renzo Arbore. E passa oggi nelle fiction americane – da *ER* a *Lost*, dai *Sopranos* a *In treatment*, da *The Wire* a *Boardwalk Empire* a *Game of Thrones* e, in generale, ai serial prodotti dall'americana HBO (che non a caso ha come slogan "it's not TV, it's HBO") –, a suo avviso il punto più avanzato di tecnica narrativa contemporanea, superiore persino a romanzo e film (Grasso, 2007).

Anche il controverso rapporto tra televisione e libri porta a conclusioni simili. Sono state tentate tutte le strade: trasmissioni pure, trasmissioni miste, libri sacralizzati, libri spettacolarizzati, rubriche, salotti e messe in scena, libri nei giochi e libri nei contenitori generalisti, senza tuttavia che riuscisse ad affermarsi e ad avere vero successo nessun modello. Non a caso c'è chi sostiene che i due linguaggi siano incompatibili. In Italia gli intellettuali di valore raramente si sono prestati al mezzo televisivo o l'hanno fatto in modo accademico, altezzoso, poco divulgativo. Oggi si tende ad assecondare quel filone di pensiero secondo il quale anziché investire su trasmissioni dedicate espressamente ai libri, che spesso coinvolgono un pubblico ristretto, occorra puntare su una grammatica ben fatta, e quindi strutturare programmi di qualità – per quanto difficile sia definire questo concetto – che siano magari attraversati dai libri, dagli intellettuali, ma come spunto, veicolo di idee, di discussioni.

Questo tipo di approccio appare percepibile in diverse trasmissioni della TV italiana, pensiamo a *Che tempo che fa*, condotta da Fabio Fazio, o *Le invasioni barbariche* con Daria Bignardi, o *Otto e mezzo*, attualmente con Lilli Gruber, ma anche talk show raffinati come *L'infedele* – che ha chiuso nel dicembre 2012 – e *Z*, entrambi di Gad Lerner, trasmissioni in cui appunto si prende una strada intermedia, una strada in cui l'oggetto o l'uomo di cultura attraversa la trasmissione ma non ne è il cuore.

Non a caso, come vedremo più avanti, sono gli spazi più ambiti dalle case editrici, che sfruttano la naturale tendenza televisiva alla creazione di personaggi per promuovere libri. Sono parole, queste, che vanno estese anche a trasmissioni che riteniamo molto lontane da programmi culturali, pensiamo a quelli condotti da Paolo Bonolis o da Flavio Insinna, perché talvolta la struttura o il conduttore riesce a mischiare alto e basso, serio e faceto, e a comunicare pensieri, idee, stimoli anche in contesti che a tutto farebbero pensare tranne che a questo. Certo, sono lacerti, ma forse hanno una capacità di spiazzamento che si tende a sottovalutare.

Si diceva all'inizio che la TV è di per sé stessa cultura, ma anche vettore di cultura in senso stretto, ovvero informazione culturale, dibattiti culturali, produzione culturale. Tutti i servizi pubblici hanno obblighi di trasmissione di programmi culturali. Da noi non c'è una quota precisa, una percentuale indicata per questo genere di programmi, fanno parte della generica categoria dei generi di servizio pubblico. Ma che cosa si intende con l'espressione "programma culturale"? È una domanda importante perché ci riporta alle eterne questioni delle definizioni. E dei canoni. Secondo il canone tradizionale ci sono alcune forme di espressione e comunicazione che sono ritenute forme culturali. Quali sono? Le solite, le figlie della tradizione, le grandi opere letterarie, artistiche, diffuse nei musei o nelle sale da concerto, trattate nelle scuole, quella che viene definita "cultura patrimoniale". Nei contratti di servizio italiani storicamente il genere cultura comprende i seguenti sottogeneri: balletto, concerto, documentario, film, cortometraggio, lirica, programma di montaggio, prosa, rubriche scolastiche, scienze e ambiente, storia/letteratura/arte, teledidattica. Ma i contratti degli altri paesi non si discostano granché. Queste definizioni ci aiutano a capire come l'incontro tra cultura e televisione possa dare un duplice risultato. Nel primo una TV che rappresenta, nel secondo una TV che fa cultura. Per essere pratici: nel primo caso la televisione è una sorta di contenitore neutro, di veicolo di espressioni artistiche prodotte altrove e per altri fini. Concerti, opere, prosa. Nel secondo caso è la televisione a proporre un'esperienza culturale, sfruttando la specificità del mezzo e puntando sulle contaminazioni tra linguaggi diversi. Appartengono a questa categoria *Passepartout* di Philippe Daverio o i programmi sulla lirica o i libri che conduceva negli anni novanta Alessandro Baricco o, ancora, con un montaggio persino troppo incalzante, *Cult Book* di Stas Gavronsky.
Se si guarda ai grandi paesi europei si assiste a dibattiti molto vivaci sul tema della cultura in televisione. Che hanno i consueti argomenti: la tirannia degli ascolti sulla programmazione, l'uniformazione verso i bassi standard delle reti commerciali, le proposte di abolizione della pubblicità sulle reti pubbliche, il rischio di creare isole di cultura in mezzo a un oceano di programmi che hanno tutt'altro spirito e che rispondono ad altre logiche. Più in particolare in Francia c'è

stata negli ultimi decenni una lunga teoria di programmi culturali di un certo successo che ruotavano principalmente attorno alla letteratura, a cominciare dai leggendari *Apostrophes* (1974-90) e *Bouillon de Culture* (1991-2001), condotti da Bernard Pivot, sino a rubriche quali *Un livre, un jour* su France 3 o *Un livre, des livres* e *Avant-premières* su France 2. Nel 1994 le reti pubbliche riservavano il 10% della loro programmazione alle trasmissioni culturali; a partire dall'inizio del nuovo millennio c'è stato un restringimento dell'offerta – quando Pivot lasciò i suoi programmi, rilasciò interviste in cui si diceva amareggiato per la resa della TV pubblica alle ragioni del successo commerciale – ma negli ultimi anni la tendenza sembra invertita, complici probabilmente l'abolizione della pubblicità sui canali in chiaro della televisione pubblica (l'audience non ne ha sofferto) e l'aumento dell'offerta tramite la TV digitale. La maggior parte delle trasmissioni dedicate ai libri va in onda in seconda serata, ma ci sono eccezioni: va menzionata ad esempio *La Grande Librairie*, il giovedì alle 20.35 su France5. Anche l'esperienza di un programma come *Des Racines et des Ailes*, in cui si è cercato di "umanizzare" la cultura, spingere gli intellettuali a usare un linguaggio accessibile e non farsi vedere sempre in luoghi che mettono soggezione allo spettatore, può essere considerata un successo.
La Germania ha un sistema su base federale e la TV riflette questa struttura. Ci sono canali nazionali e reti regionali; a quest'ultime sin dagli anni sessanta è stata affidata una vocazione culturale ed educativa. Le reti pubbliche tedesche hanno svolto un ruolo notevole nella produzione, nella commissione, nel sostegno al cinema e alla musica.
Per i tedeschi la cultura è importante. E tuttavia la televisione, anche pubblica, ha fatto forse meno sforzi per evitare la marginalizzazione della cultura all'interno dei palinsesti. Questo nonostante una maggiore indipendenza, rispetto a noi, dal mercato pubblicitario. Anche in Germania c'è la convinzione che un mezzo di massa debba comunque raggiungere un'audience non marginale, e si è assistito negli ultimi anni a una migrazione della cultura più tradizionale verso i canali tematici, destinati a pubblici di nicchia. Parliamo ad esempio del canale pubblico 3Sat. L'offerta delle reti pubbliche generaliste resta comunque superiore alla nostra. Tendono a restare sulle reti genera-

liste i magazine culturali – *Kulturmagazine*, *Kulturweltspiegel*, *Titel*, *Thesen*, *Temperamente* e *Sonntagmagazine* su ARD – che sono rassegne sulle cose che accadono nel mondo della cultura e dello spettacolo. E i concerti, specie la domenica mattina, specchio della diffusione della cultura musicale nel paese. E ancora le molte trasmissioni dedicate alla divulgazione scientifica. I canali regionali sono quelli che tentano le sperimentazioni, provando a far passare contenuti culturali attraverso le esplorazioni delle possibilità linguistiche del mezzo televisivo. Un lodevole esempio di canale "culturale" è il franco-tedesco Arte, che in Italia fa parte del pacchetto Sky. È tutt'altro che noioso e monotono, c'è anzi molta varietà e anche sperimentazione linguistica; lo share purtroppo è basso, con una media del 2%. D'altra parte, per rimanere in tema di share e di gusti del pubblico, colpisce che il record negativo di ascolto di *Porta a Porta* fu stabilito nel 1997 con una trasmissione sulla riapertura del Teatro Massimo di Palermo con ospiti notissimi come Abbado, Pavarotti e Ughi.

Va poi ovviamente menzionata la Gran Bretagna. La BBC è in fondo l'immagine stessa del servizio pubblico. Essa fornisce un'offerta specificamente culturale, che incontra problemi non dissimili da quelli dei paesi precedentemente descritti, specie a partire dagli anni ottanta. La presenza di programmi di attualità culturale nella TV generalista è decisamente più rada che alla radio. È BBC2 a ospitarli, e in generale ci sono riprese di eventi, documentari, rassegne e talvolta c'è un notevole sforzo al fine di utilizzare la TV per la sua specificità, per ciò che può dare come mezzo piuttosto che come veicolo neutro. Un esempio di programma per tutti: *Bookmark*. Ciò che colpisce dell'esperienza britannica è l'approccio molto attento alla cultura quotidiana della gente comune, figlio di quella tradizione dei *cultural studies* con cui ci siamo confrontati alcune pagine fa. C'era – ma c'è ancora – la convinzione che il mezzo possa rappresentare l'esperienza, la vita, in definitiva la cultura delle persone attraverso le loro stesse voci, che insomma la TV abbia la capacità di riflettere autenticamente l'esistenza. Ciò ha significato una ricca messe di programmi di qualità, che si sono distinti non tanto per il genere (incluso quello culturale) quanto per il valore e la varietà. Si ragiona per palinsesti più che per singole unità, ci sono rimandi e richiami tra i programmi o riferimenti a serie precedenti. Se parlassimo di un quotidiano, diremmo che si pensa all'impaginazione. A quella sfida cui abbiamo accennato più volte – segmentazione del pubblico che riflette anche stratificazioni di classe – la BBC tenta di rispondere provando a conservare la sua funzione di strumento generalista, che rappresenta la cultura nazionale in un contesto sempre più globalizzato, e che non perde il suo antico ideale di essere strumento di promozione culturale. Generare *public value*, capitale sociale, è una delle missioni della Carta della BBC.

Ma torniamo a noi italiani, e alla concretezza. In televisione vale la stessa suddivisione appena esaminata per la radio. Quella tra giornalismo culturale in senso stretto, programmi curati dalla rete e non dalla redazione giornalistica, e anche programmi di attualità culturale, che possono avere paternità diverse. Per l'informazione culturale, dunque, potrebbero ripetersi in parte le osservazioni fatte a proposito della radio. Le notizie che riguardano la cultura in senso stretto entrano con difficoltà nelle edizioni maggiori, mentre trovano uno spazio abbastanza costante in edizioni più marginali. Anche qui discreto peso ha la contingenza, nel senso che la presenza nelle edizioni maggiori può dipendere dalla sensibilità del direttore: ad esempio nel TG1 diretto anni fa da Riotta si percepì una maggiore attenzione per le voci di scrittori o intellettuali, magari a commento di eventi di cronaca, secondo la tradizione della stampa scritta. Non mancano rubriche dedicate ai libri o all'attualità culturale curate dalla redazione giornalistica.

Quanto ai programmi, va premesso che libri e autori possono entrare nei contenitori più diversi – un tempo un passaggio a *Domenica In* ma anche al *Costanzo Show* era una garanzia di successo – ma sono spesso presenze estemporanee, uno dei tanti elementi del calderone.

Diversa cosa gli esempi citati in precedenza – *he tempo che fa*, *Le invasioni barbariche*, *Otto e mezzo* – nei quali autori e libri sono invece presenze quasi costanti.

Ci sono poi i programmi specificamente culturali, che possono peraltro utilizzare registri molto diversi. Citiamo almeno *Per un pugno di libri*, *Le storie* di Corrado Augias, *Passepartout*, i programmi di Piero e Alberto Angela. Certo, complessivamente lo spazio e l'importanza sono molto inferiori alla radio.

5.4. Internet

Si diceva nelle prime righe della nuova edizione di questo libro che Internet è diventato il protagonista di molti dei cambiamenti del giornalismo culturale degli ultimi anni. Perché la Rete è sia scena sia attore. Che cosa significa questa frase? Che la Rete è scena perché è il luogo, il medium, lo strumento in cui oggi si sviluppa una parte molto importante della comunicazione e dell'informazione. Così definisce Internet uno dei maggiori studiosi delle comunicazioni, Manuel Castells: «Non è semplicemente una tecnologia. È il mezzo tecnologico fondante della società dell'informazione, che rende possibile l'illimitata espansione di reti interattive in ogni settore della nostra esistenza [...] è il cuore del sistema, che forgia e modella la nuova struttura sociale di ogni cosa» (Castells, 2003, pp. 18-9). Castells usa l'espressione *network society*, con la Rete che ristruttura le relazioni tra gli esseri umani e le relazioni di potere. Carlo Sorrentino parla non di un nuovo medium, ma di una nuova ecologia comunicativa, perché mentre un nuovo medium si affianca o contrappone a quelli esistenti, un ecosistema comunicativo è qualcosa in grado di contenere i vari media (Sorrentino, 2008b, p. 1). Internet è però anche attore, e di primissimo piano, perché è fonte di produzione culturale e di produzione giornalistica, e anche di informazione culturale.

La ricognizione di questo cangiante universo rischia di invecchiare in un battibaleno. Si cercherà di fissare qualche architrave, qualche principio generale, qualche linea di tendenza che si immagina durevole, e poi di fotografare alcune isole dell'immenso e frastagliato arcipelago.

Appena pochi anni fa si immaginava un futuro in cui Internet avrebbe assorbito, unificato tutto il sistema mediatico. Con una serie di verbi al tempo futuro si scriveva che probabilmente avremmo tutti letto i giornali su Internet – c'è una ormai nota previsione: l'ultima copia stampata del "New York Times" sarà del 2043 (Sabadin, 2007; Pedemonte, 2010) –, sulla Rete avremmo guardato la TV e ascoltato la radio, la Rete avrebbe moltiplicato fonti e punti di vista grazie a blog, chat, social network, e poi ancora avremmo cercato, trovato e letto libri via computer e tablet. Non è ancora così, anzi, molte persone continuano a perseverare in abitudini di consumo culturale tutte novecentesche, e tuttavia la direzione sembra segnata. Crediamo sufficiente leggere i dati degli istituti di ricerca sui consumi in base alle fasce d'età contenuti nella *Prefazione* per essere concordi sul fatto che se la televisione è il medium che ha dominato il secondo dopoguerra, Internet è l'attualità e per ora il nostro destino. Oggi i giornali di carta raggiungono oltre 2 miliardi di persone e sono meno di 2 miliardi gli utenti della Rete, ma il sorpasso è ovviamente dietro l'angolo. I tempi di diffusione dei media sono progressivamente più rapidi: la radio ha impiegato 38 anni per raggiungere la soglia di 50 milioni di ascoltatori, l'iPod meno di 3 (Gaggi, Bardazzi, 2010, p. 59). Internet – come tutti i media – è portatore di una cultura. Che è molto diversa da quella più o meno unidirezionale dei media classici. Internet è policentrico, partecipato, tendenzialmente libero, rompe il tradizionale rapporto tra mezzo e fruitore in cui quest'ultimo subisce la programmazione: con la Rete ormai è il navigatore a scegliere i contenuti, anche televisivi.

In altre parole, un ennesimo cambio di paradigma. Per molti, come si diceva, assolutamente rivoluzionario, paragonabile alla svolta gutenberghiana (Pratellesi, 2008, p. 13), una Terza Fase, una terza rivoluzione dopo quelle della scrittura e della stampa (Simone, 2012), persino più radicale della rivoluzione di Gutenberg (Asor Rosa, 2009, p. 119). In effetti con l'affermarsi della Rete si incrinano consolidate classificazioni e interpretazioni della realtà. Quei vecchi schemi che abbiamo imparato a maneggiare, tra cultura alta e cultura di massa, che hanno trovato la loro epitome nella contrapposizione netta tra libro e TV, schemi che si erano mostrati già deboli nel corso degli ultimi anni se non decenni, con la Rete entrano definitivamente in crisi (Mazzoli, 2009). Perché è sempre più difficile sostenere quella contrapposizione – peraltro legittima – tra generazioni figlie della cultura del libro e generazioni figlie della cultura del video. E quelle tra le classi sociali o culturali e l'uso dei mass media. Perché Internet contribuisce a modificare la morfologia delle nostre società, erodendo ossificate stratificazioni nei consumi culturali, quel sistema di gerarchie e recinti che ancora appartiene al giornalismo di carta stampata e che abbiamo descritto nei capitoli precedenti: «Internet ha creato

un mercato universale delle idee, dove non conta chi scrive, ma quello che viene scritto, almeno negli Stati Uniti» (Zingales, 2010).
Questa decentralizzazione comporta che molti fenomeni culturali sono e saranno sempre più vissuti e raccontati in siti, blog, nicchie, angoli che sfuggono alle maglie dell'informazione "ufficiale", quella gerarchizzata con cui sono cresciute e sono state abituate a vivere le generazioni formatesi prima di Internet. Non a caso uno degli interrogativi più appassionanti di questi anni riguarda gli scenari futuri dell'informazione, se resisterà un'agenda mediatica con un minimo di condivisione, dettata dalle fonti reputate più autorevoli e affidabili, o si assisterà a una crescente frammentazione, a un'esplosione di fonti e spazi di dibattito che renderà difficile una condivisione di temi, valori, opere da parte di gruppi sociali con un minimo di consistenza. È una questione decisiva per le future definizioni del discorso pubblico.

5.4.1. Cultura e informazione su Internet Al preambolo generale sulla cultura del mezzo occorre affiancare la specificità, i contenuti che ci interessano. Su Internet troviamo la realtà e il simulacro, contenuti uguali e cose completamente diverse da quello che c'è fuori della Rete. Chi naviga – è la novità più significativa – è molto più attivo dei fruitori degli altri media. Può essere compartecipe dei processi informativi e comunicativi, può abbeverarsi direttamente alle fonti. Con la Rete viene teoricamente meno la funzione mediatrice del giornale e del giornalista, che seleziona per l'utente. Anche nel campo culturale. Chi naviga può andare a visitare i siti da cui provengono molte delle notizie, delle idee, dei dibattiti presenti sulle pagine culturali: case editrici con le novità, istituzioni culturali, teatri e mostre, centri sociali e università, forum, TED conference e lezioni universitarie di iTunes. E avere un buon quadro della ricezione, delle attese, delle recensioni, delle discussioni. Senza, e non è secondario, pagare il prezzo delle non rare collusioni tra recensori e giornalisti e case di produzione. È un grande progresso, senza dubbio, ma ci vuole qualche accortezza. Non è un caso se oggi si parla di fase matura nella valutazione dell'impatto che Internet ha avuto e sta avendo sull'informazione, dopo la prima fase dell'entusiasmo e una seconda fase almeno in parte di scetticismo (Mazzoli, 2012). Una delle questioni più rilevanti è quella dell'orientamento, su cui si riflette sin dagli albori della Rete. Il web è l'ultimo, torrenziale contributo – in lingua inglese si usa il termine *exaflood* – a un flusso di offerte a dir poco enorme: 57.000 libri l'anno solo in Italia, numero crescente di canali TV e radio grazie al satellite, al digitale, alla Internet TV, un mare di radio, riviste e giornali. La Rete permette ormai – grazie alle fonti e ai media partecipativi – di saltare la mediazione, la selezione. E tuttavia: è possibile orientarsi in un oceano tanto vasto? Come non sentirsi smarriti di fronte alla potenza di fuoco dell'industria dell'intrattenimento? Abbiamo bisogno di chi seleziona per noi? Le risposte possono essere di segno diverso e molto soggettive.

Sinora ci pare che Internet abbia ingigantito lo spettro dell'offerta ma non demolito le gerarchie. Per ragioni di affidabilità, prestigio, potere economico – non irrilevante nel determinare l'ordine di apparizione dei siti quando si usano i motori di ricerca – in Rete si sono almeno in parte riprodotti i rapporti di forza esterni alla Rete, con i grandi gruppi editoriali, i grandi quotidiani, le grandi riviste in testa ai siti più visitati. Ma anche, per fortuna, nuovi attori che si sono conquistati sul campo posizioni di primo piano. Centrale è la questione del tempo, dell'uso del tempo. Pochi hanno la possibilità e in qualche caso la competenza per navigare, visitare, scegliere all'interno di un'offerta tanto vasta, se c'è qualcuno competente e affidabile che lo fa per noi è meglio. Quindi cambia il modo di lavorare del giornalista o del critico ma non la sua funzione. Anzi, c'è chi parla di nuove opportunità per la professione (Sorrentino, 2008b, p. 151): laddove la sfera pubblica si fa più densa (Sorrentino, 2008a; Boccia Artieri, 2009a) e il consumo mediale più partecipativo, c'è bisogno di strumenti narrativi e interpretativi per ridurre la complessità. E i giornalisti dovranno avere capacità di adattamento, volontà di essere aggiornati, fiuto per le direzioni che prenderanno i rapporti tra società e media (De Biase, 2011). Probabilmente ci rivolgeremo a quegli organi che siamo abituati a frequentare anche nel mondo per così dire di fuori, e inoltre la concorrenza svolgerà il suo compito.

Non è un caso che l'audiweb, che monitora gli accessi ai siti, ci dica oggi che i siti dei grandi giornali sono sempre in testa alle classifiche, mentre meno frequentati sono i siti dei giornali locali. Per chiudere questo paragrafo proponiamo alcuni dati che confermano cose già dette. Se si visitano i siti o si leggono le rilevazioni Nielsen che analizzano il traffico sul web, si scopre che la maggior parte del tempo si passa sulle reti sociali, poi giochi online, siti a luci rosse e al quinto posto l'informazione, che occupa complessivamente il 3% del tempo che spendiamo online. All'interno dei siti di informazione tra intrattenimento leggero e cultura è il primo a prevalere. Showbusiness e gossip sono solidissimi anche su Internet.

Ma torniamo sulle fonti. Praticamente tutte sono attive sulla Rete: grandi e piccoli quotidiani, riviste, riviste accademiche, riviste iperspecializzate, radio, TV, agenzie di stampa. Agli albori di Internet le fonti tradizionali tendevano a riprodurre in rete i contenuti che pubblicavano o mandavano in onda. In poco tempo però ci si è resi conto, dapprima negli Stati Uniti e poi ovunque, che la Rete è un ambiente che vuole ed esalta forme diverse dalla tradizione, e ogni mezzo ha preso la sua strada. La radio e la TV, lo si è visto nei capitoli precedenti, sono diventati piattaforme che offrono una varietà di prodotti e rimandano ai profili sui social network. I quotidiani tendono a dare un prodotto online molto differente dalla versione cartacea (il primo a dare contenuti online diversi da quelli cartacei è stato il "Chicago Tribune" nel lontano 1992), un prodotto che viene aggiornato di continuo, che cerca l'interattività con il lettore e che è arricchito da video, audio, rimandi a blog e link. I quotidiani del gruppo Murdoch puntano molto sui contenuti video, affidano ai loro reporter filmati e programmi. Lo stesso vale per le riviste. Un esempio per tutti: il "New Yorker", settimanale americano che pubblica sovente splendide e ricche inchieste, permette nella versione iPad l'accesso ai documenti citati nelle inchieste stesse.

Il rapporto tra carta stampata e web, tra giornale cartaceo e giornale online merita attenzione. Le strade intraprese sono diverse e in costante evoluzione.

Lasciata alle spalle la stagione della riproduzione pura e semplice dei contenuti cartacei, oggi i quotidiani tendono a puntare moltissimo sulla Rete, in qualche caso dando priorità alla versione online e investendo il grosso delle proprie risorse sulla Rete e nelle versioni per i vari dispositivi di lettura. D'altronde la tendenza, lo si è già detto, sembra molto chiara: calano i lettori di giornali cartacei, crescono i lettori dei giornali online. I grandi quotidiani hanno siti piuttosto ricchi, continuamente aggiornati, e una ricca messe di video, forum, blog, audio, servizi. In questi ultimi anni sono decollati giornali o aggregatori di notizie online che sono ormai parte dell'offerta mediatica *mainstream*, pensiamo al "Post", a "Lettera43", a "Blitz", a "Linkiesta", all'ultimo arrivato "Huffington Post" – che faticano peraltro a raggiungere il pareggio di bilancio, dal momento che la pubblicità online è ancora insufficiente. Cominciano ad avere buoni numeri, intorno ai 50.000 utenti unici al giorno, ancora lontani però dai numeri dei siti dei grandi giornali tradizionali.

Un discrimine è quello tra siti gratuiti e a pagamento. I giornali italiani tendono a dare gratuitamente i propri contenuti e a far pagare la possibilità di leggere o consultare l'archivio delle versioni per edicola. Qualche giornale, ma più all'estero che in Italia, permette la lettura online della versione cartacea previa registrazione, così da sfruttare il profilo del lettore per fargli vedere inserzioni mirate. Come si è scritto in precedenza le inserzioni pubblicitarie su Internet sono in crescita, ma ancora poco redditizie. Si misurano tramite il CPM, il costo per mille visualizzazioni e l'investimento medio è tra 1 e 3 euro ogni mille visualizzazioni. È poco, rischia di essere una guerra al ribasso. Non a caso alcuni grandi giornali e riviste hanno scelto il cosiddetto *paywall*, l'accesso a pagamento. C'è chi, come il "New York Times", il "Financial Times" o l'"Economist", lo introduce dopo un certo numero di articoli liberamente accessibili, e chi, come il "Wall Street Journal", lo inserisce subito. Su Internet è forte la filosofia del gratuito, e pochi hanno successo. "New York Times" e "Wall Street Journal" sono tra questi, avendo il primo quasi 700.000 abbonati online e il secondo oltre mezzo milione. Nel 2011 Murdoch ha lanciato "The Daily", quotidiano solo per iPad, ma il successo è stato inferiore alle aspettative, con circa 100.000 abbonati, ed è stato chiuso nel dicembre 2012. Il settimanale "New Yorker" adotta una politica editoriale interessante: nulla di gratis online, ma accesso completo a blog e commenti brevi a cura delle firme della rivista. Numeri: circa un milione di lettori cartacei, circa 200.000 abbonati tramite device.

Stiamo insomma assistendo a una sorta di mutazione genetica. Citavamo in precedenza gli impressionanti dati sul crollo della pubblicità sui giornali americani, oltre 30 miliardi negli ultimi tre anni. Le cause principali sono lo sviluppo enorme dell'informazione in Rete, il successo di siti come Craiglist che pubblicano annunci economici locali e attirano moltissime inserzioni, e i social media, dove la pubblicità ha buoni ritorni.

Ovviamente giornali e riviste hanno i profili sui social network e una forte presenza su Twitter; d'altronde molti dei lettori arrivano sul loro sito e a leggere gli articoli proprio attraverso i social network. La Rete permette di sapere, al minuto e con grande precisione, quanti leggono cosa, quali sono gli articoli più cliccati, i settori e il tipo di notizie di maggiore successo. Un sito popolare come Gawker paga i suoi giornalisti 7 dollari ogni 1.000 pagine viste generate dai post a loro firma. Non si può escludere una deriva simile a quella della TV con l'avvento dell'auditel, dove la quantità conta più della qualità e dove soprattutto temi e voci diverse, originali rischiano di vedersi subordinati agli articoli più facili e popolari. Il sistema dei click sui post in fondo risponde a leggi simili a quelle delle copie vendute, per fare grandi numeri bisogna puntare sul pubblico generalista, proporre una cultura divulgativa. Già oggi i portali che selezionano i blog usano un algoritmo che organizza il sito in base ai temi più cliccati, ed è lì che vengono messi i banner pubblicitari.

All'interno di questa cornice si collocano i contenuti più specificamente culturali. Che sono, come il resto dei contenuti editoriali, un prodotto diverso da quello cartaceo. Sono sezioni visivamente piuttosto ibride, con una forte commistione tra cultura e spettacolo, in cui in parte sono riprodotti gli articoli della versione da edicola, ci sono molti contenuti audio-video, un'interattività ovviamente assente nel cartaceo e anche il tentativo di ibridare contenuto online e giornale cartaceo; ci sono infine rimandi e osmosi, per cercare di rispecchiare le voraci abitudini dei fruitori più giovani.

Un punto che ci pare delicatissimo e potenzialmente foriero di sventure è il tempo speso sui siti di informazione. Una ricerca Niemanlab del 2008 certificò che il numero di pagine lette dei giornali cartacei era nettamente più alto di quello delle pagine dei giornali online, così come era nettamente superiore il tempo di lettura. Più recenti dati

Nielsen confermano tassi di lettura di informazioni online piuttosto bassi, in pratica una rapida occhiata ai titoli e poi eventualmente la lettura di una o due notizie.

5.4.2. Siti, blog, chat, social network Poco fa si parlava dei giornali online. Perché accanto alla piattaforma informatica dei quotidiani che nascono prima della rivoluzione digitale c'è il crescente universo di chi sta *solo* sulla Rete. Ci riferiamo alle pubblicazioni online, ai blog, ai social network letterari, ai siti dei magazine culturali.

È un universo vasto, vario, mobile, molto difficile da fissare e rappresentare. C'è un sito americano che vale la pena aprire per rendersi conto della vastità dell'offerta, Arts and Letters Daily (aldaily.com): raccoglie ciò che ritiene il meglio di tutte le pubblicazioni su temi culturali, che è un po' la quintessenza di ciò che la Rete può offrire.

Anche in Italia è ricchissima l'offerta di siti di recensioni, rassegne stampa, novità sul mondo dell'editoria, librerie, consigli per mostre e itinerari culturali ecc. Per non parlare della miriade di siti dove si svolgono dibattiti, si danno notizie, si pubblicano racconti e poesie: è un mondo crescente e vivace e per conoscerlo tutto conviene dare un'occhiata a pubblicazioni specializzate.

Un sistema pratico per orientarsi è andare su siti classificatori come It.blogbabel, Ebuzzing, Wikio, Populis o Liquida per vedere quali sono i blog e i siti più citati, frequentati, richiamati, quelli con più post agli interventi. E le discussioni del momento, le classifiche a seconda dei settori. Farà sorridere chi ci ha letto sin qui scoprire che la categoria letteratura elenca i blog letterari, mentre la categoria cultura include generi diversi: letteratura, cinema, spettacolo, anche politica.

La navigazione ci porterà sui vari blog – l'etimo di blog è una crasi tra *web* e *log*, diario di bordo, e i blog sono appunto una sorta di diario che assume le forme più diverse, dai pensieri in libertà al diario del soldato al fronte, alle riflessioni di giornalisti, scrittori, intellettuali, al giornale vero e proprio di natura personale; ci sono anche blog tenuti da più autori, le cosiddette *blogzine* – o su siti che sono veri e propri magazine letterari. Grazie ai blogroll, poi, le raccolte di link ad altri blog o siti, si scopriranno galassie di interventi, riflessioni, notizie, segnalazioni.

I blog degli scrittori o in genere i blog letterari nascono agli inizi del nuovo millennio e diventano quasi subito realtà solide, originali, frequentate; negli ultimi due anni stanno forse conoscendo un momento di stanca. Nella *Prefazione* scrivevamo che sono diventati qualcosa di molto simile ai salotti letterari dei secoli scorsi. Può sembrare un'esagerazione, ma non crediamo sia così. Perché sono luoghi dove si scambiano idee, si parla di libri e prodotti culturali, dove si discute – più o meno pacatamente –, dove si trovano punti di vista diversi dai propri (Fiume, 2012). Con una differenza importante rispetto ai vecchi salotti. Per parteciparvi non occorre per forza essere un intellettuale. Con i pregi e i limiti di questo dato. Non ci sono barriere, snobismi, distinzioni di classe, ma c'è la possibilità che le discussioni siano ondivaghe, dispersive, inconcludenti.
In generale l'avvento di una cultura pubblica connessa permette anche alle produzioni dal "basso", amatoriali e interpersonali, di uscire dalla periferia dell'industria culturale, da una condizione di marginalità (Boccia Artieri, 2009b, p. 30). Agli esordi dei blog letterari era leggibile un'intenzione di sovversione delle gerarchie tradizionali (Pischedda, 2011).
Tra i blog di scrittori più frequentati, in qualche caso non strettamente letterari, segnaliamo quelli di Wu Ming, Michela Murgia, Loredana Lipperini, Giuseppe Genna, Lorella Zanardo, Giovanna Cosenza, Anna Maria Testa. Diversi blog hanno gestioni plurali, anche qui qualche indicazione: Jumping Shark, Doppiozero, Carmilla, Nazione Indiana, Finzionimagazine, Vibrisse, Il Primo amore, Satisfiction, Oubliette Magazine, Minima&Moralia, Letteratitudine, alcuni con migliaia di visitatori unici al mese. Ci sono anche blog di genere, sul noir, sul giallo, sul fantasy. In Rete c'è inoltre la possibilità di avere un'idea su quelli che potremmo definire gli *interna corporis*, ovvero quello che accade all'interno delle case editrici: cominciano a diffondersi anche in Italia i blog anonimi dei professionisti del libro. Uno per tutti: La Vera Editoria.
Sia i blog degli scrittori sia i blog letterari plurali sono fonti utilissime per seguire quello che accade nel mondo della cultura, per documentarsi su vari temi e per partecipare a discussioni spesso di grande interesse (La Gioia, 2012). Pensiamo a quelle che si sono

accese sul blog dei Wu Ming – che nel 2010 hanno deciso di integrare sul blog Giap tutti i progetti web – o su Lipperatura, su Nazione Indiana, su Carmilla, tutti luoghi, tra l'altro, piuttosto militanti (a sinistra). Esempi: Wu Ming 1 attraverso il documento sul *New italian epic*, che è stato scaricato da decine di migliaia di utenti, ha aperto una discussione con e tra i lettori ed è divenuto una sorta di narrazione collettiva; il romanzo *Manituana* (sempre dei Wu Ming), che online si è arricchito di tavole di fumetti inviate da un disegnatore – è un modo per esplorare vie nuove e meno unidirezionali, senza le tradizionali barriere tra scrittore e lettori; le discussioni su destra e sinistra su Giap o quelle sulla condizione femminile su Lipperatura, con centinaia di interventi.
A questo proposito c'è una distinzione importante da fare, ed è quella tra dibattiti con o senza il moderatore, e dibattiti chiusi o aperti. Nei dibattiti aperti senza moderatore – Nazione Indiana è forse il caso più noto – la discussione può accendersi, degenerare in attacchi personali e spingere alcuni frequentatori ad abbandonare, e quindi impoverirsi o dirigersi verso il caos. È per queste ragioni che due scrittori come Antonio Moresco e Tiziano Scarpa hanno lasciato Nazione Indiana per aprire il sito Il Primo amore. Altri blog, come Lipperatura, sono aperti ma hanno un moderatore che nel caso di incandescenze o provocazioni interviene per riportare l'ordine. Altri ancora – Carmilla, diretto dallo scrittore Valerio Evangelisti – sono chiusi ai commenti dei lettori. Un paragone possibile ci pare quello con le trasmissioni radiofoniche a microfoni aperti, con o senza moderatore.
Negli ultimi anni il numero dei commenti e la vivacità del dibattito sono andati calando; Giuseppe Genna (2012) attribuisce la crisi all'esplosione di Facebook e all'elementarità del "mi piace" e della condivisione.
Una funzione importante di alcuni blog o siti letterari è quella – classica, antichissima – delle recensioni. Si è spesso parlato in questo libro della crisi della critica, della diminuzione progressiva della presenza delle recensioni sui quotidiani. Chi le cerca le trova qui, sulla Rete. Avrà forse qualche difficoltà in più, rispetto al lettore di ieri, di fronte alla varietà dei nomi e dei toni, i critici del Novecento erano pochi e selezionati, l'orientamento era più facile.

Ovviamente i blog sono ottimi strumenti di promozione e autopromozione di libri, talvolta sono gli uffici stampa e le case editrici a curare i blog degli scrittori, e in generale la loro presenza in Rete.
Uno strumento che negli ultimi anni ha preso il centro della scena mediatica è Twitter. Per l'informazione in generale, ma anche per l'informazione culturale. Tecnicamente va definito un sito di microblogging; è diventato dapprima il veicolo più veloce di diffusione di notizie e poi anche uno strumento per rimandare a discussioni, approfondimenti, pubblicazioni. Risulta quindi molto adatto per il campo culturale. Anche qui è crescente l'incrocio con blog e Facebook. Editori, scrittori, giornalisti, alcuni dei blogger menzionati poco fa partecipano al dibattito pubblico con i loro tweet, con i loro suggerimenti, rinviando a ricerche, libri, letture, novità editoriali. Alcuni scrittori ed editori hanno migliaia di *followers* – coloro che seguono una persona o un gruppo e che possono leggere i suoi tweet –; ci sono scrittori americani che ne hanno centinaia di migliaia.
Grazie agli hashtag, poi, parole chiave che rendono rintracciabili tutti gli interventi relativi a un dato tema, a una data conversazione, si possono fare ricerche ed essere subito informati sui temi più disparati e sulle discussioni in corso. Non tutti apprezzano il limite dei 140 caratteri. I Wu Ming, ad esempio, hanno deciso di abbandonare Twitter e la sua logica per la difficoltà di non essere fraintesi con limiti di espressione così radicali.
Facebook meriterebbe un capitolo a sé, perché è un'immensa Rete di comunicazioni, scambi, impressioni, una grande piazza dove c'è appunto il piazzista e l'amico, l'esperto e il provocatore, le grandezze e le miserie di una sorta di grande mercato delle notizie e delle emozioni. È un mondo in cui circolano tanti cercatori di notorietà e che viene usato da tutti per tutto, come strumento di marketing ma anche per comunicare le proprie passioni letterarie e dare consigli utili; lo usano gli editori e gli scrittori, i lettori e i *narcisi* cronici. In complesso è uno strumento utile ma occorre essere guardinghi, tenendo presente che l'ambiente letterario è un contesto particolarmente denso di ambizioni e risentimenti, e frequente senso di esclusione.

Alcuni autori lo usano come terreno di prova, nel senso che c'è chi crea un gruppo di discussione su un libro in uscita, e la discussione aiuta l'autore a rifinire, riorientare, e poi promuovere il libro stesso.
Ci sono anche social network specificamente dedicati ai libri, che hanno contribuito a creare microcomunità, animando gli appassionati di determinati temi, autori, generi, che si scambiano giudizi e consigli, condividono insomma l'esperienza della lettura. I più rilevanti sono Anobii, dove c'è un discreto tasso di polemicità, e Goodreads, forse più affidabile e più internazionale, grazie ai *mesh up* con network stranieri; è il più grande del mondo, con 9 milioni di iscritti.
Anobii ha anche lanciato un'app – che è un minisoftware per smartphone e tablet – con la quale sono i lettori ad arricchire i testi dei libri, attraverso link, elaborazioni della storia principale, invenzioni ulteriori. Da seguire anche Clubdante.it, che mette in contatto lettori e scrittori, facendo conoscere le reciproche biblioteche.
Come si è accennato gli editori fanno un largo uso dei nuovi media, specie di Facebook e Twitter, il primo soprattutto come pagina vetrina, il secondo con quelli che vengono definiti *viral hashtags*. Einaudi ad esempio sta su Twitter in modo inventivo, ricorda gli anniversari, punteggia la giornata con frasi di scrittori, lancia iniziative, riesce a far parlare dei nuovi romanzi. Secondo gli esperti del settore editoriale Facebook e Twitter rispetto ai blog letterari riescono a incrociare, a intercettare anche i lettori occasionali, i visitatori casuali. Grazie ai nuovi media si mette in atto quella che viene definita appunto una strategia virale, un sistema di reti e cerchi che si incrociano. Un paio di esempi: esce un libro su Dante, vengono attivati siti e blog dei dantisti. Esce un giallo su una danzatrice, stessa cosa con i blog sul ballo. O ancora: si creano account Twitter per i personaggi del romanzo, booktrailer, cortometraggi che riassumono capitoli, profili Facebook dei protagonisti, video che raccontano il passato delle voci narranti. Ancora poco chiari gli effetti.
Gli editori inoltre beneficiano – gratis – della presenza degli autori in Rete. Gli autori che usano i nuovi media non fanno che alimentare un volano promozionale. È un crinale sottile, quello che divide le informazioni dalle promozioni. Spesso si confondono. È inutile negare che la Rete, con il suo benemerito contributo di apertura

e partecipazione, ha portato anche un significativo tasso di autopromozione. La piazza del mercato non ha più confini, è sempre più difficile farsi ascoltare, ma se non altro c'è una possibilità, per quanto remota – attraverso gli strumenti tante volte descritti, social network, blog, Twitter – di far sentire la propria voce. E pochi rinunciano.

I luoghi in cui il fruitore può commentare, siano essi blog o siti letterari (ma vale lo stesso per il cinema, la musica, il teatro e la televisione), sono una novità gigantesca del mondo delle nuove tecnologie. Inizialmente sottovalutata, ritenuta una rischiosa scommessa di Amazon (Ryan, 2011, p. 164), è divenuta una delle cifre del mondo attuale. Oggi si danno e cercano giudizi su tutto, dagli alberghi ai ristoranti, alle città e ovviamente il mondo della cultura non poteva restare estraneo a queste tendenze. La media dei voti che troviamo sui siti degli editori online è divenuta un fattore centrale per il successo di un libro.

Il punto è che anche in questo caso occorre drizzare le antenne, ed essere consapevoli che i giudizi sono fatti da ogni genere di lettore, inclusi lettori-editor, lettori che ambiscono a diventare editor, amici dell'autore, insomma si sommano giudizi genuini, esperti, ingenui, pilotati. In complesso ci pare difficile negare che il lettore abbia visto aumentare i suoi strumenti di comprensione, le sue possibilità di cercare e dare informazioni.

Il frutto forse più interessante che ci viene consegnato da queste trasformazioni è – ancora una volta – l'ibridazione, l'incrocio. Che significa?

Quando parliamo di cultura in Rete dobbiamo sottolineare che oltre alle fonti di informazione, e quindi in generale al giornalismo culturale, occorre tener presente l'enorme settore della produzione vera e propria, e in Rete, sempre di più, assistiamo a una simbiosi tra le due cose: l'informazione prende da chi produce cultura, e chi produce cultura usa e viene usato dai mezzi di informazione.

5.4.3. L'editoria elettronica e l'informazione Il giornalismo, i mass media, stanno vivendo trasformazioni enormi, l'abbiamo detto tante volte. C'è un altro settore nella buriana: l'editoria. L'editoria digitale, la digitalizzazione del libro e l'e-book sono davvero un passaggio epocale, «una mutazione genetica» (Ferrari, 2012, p. 29). Daremo solo qualche cenno su quello che sta accadendo e sui riflessi che possono avere questi cambiamenti per l'informazione culturale.

Dopo anni di promesse e minacce che sembravano lontane dal realizzarsi, l'e-book sta seducendo il mercato, con device sempre più efficienti, politiche editoriali di grande aggressività e prezzi bassi, che si avvicinano a un lettore che grazie alla Rete è sempre più abituato ad avere gratis i prodotti culturali.

Nel 2011 negli Stati Uniti gli e-book hanno raggiunto una quota del mercato editoriale superiore al 20%, in Gran Bretagna nel 2011 sono stati pubblicati più libri elettronici che libri in brossura, il 12% del fatturato della casa editrice Penguin arriva dagli e-book. La casa editrice Knopf ha venduto per i romanzi di Stieg Larsson tre copie in digitale e una in cartaceo. In Asia la crescita è fortissima, la Corea del Sud si è posta l'obiettivo di eliminare i libri cartacei nelle scuole entro il 2015. Amazon ha ormai superato i tre milioni di titoli in inglese.

Anche Microsoft e Google sono entrate nel settore, la prima con un investimento corposo nel settore e-book della catena libraria Barnes & Noble, il secondo aprendo una libreria da due milioni di libri sul sito Google Play.

L'Europa continentale è considerata in ritardo di 2-3 anni rispetto agli Stati Uniti, e tuttavia in Italia nel 2011 sono stati pubblicati 20.000 titoli in e-book, nel 2009 erano 1.600. A maggio 2012 eravamo già a 32.000 titoli. Mondadori nel 2011 ha venduto 270.000 e-book, Newton & Compton 60.000.

Secondo i dati ufficiali dell'Associazione italiana editori (AIE) si è passati dallo 0,1% del mercato librario nel dicembre 2010 allo 0,9% (pari a 12,6 milioni di euro) del dicembre 2011. Nell'ultimo trimestre del 2010 l'1,3% degli italiani aveva letto un e-book, l'anno successivo era il 2,3%. Ricordiamo il dato generale sui libri cartacei: nel 2011 sono stati pubblicati circa 57.000 libri, per 208 milioni di copie.

I dati del Pew Research Center, confermati dalle prime analisi italiane, ci dicono che coloro che utilizzano supporti digitali per leggere libri sono anche lettori forti di libri tradizionali.

Sono probabilmente destinati a crescere gli e-book multimediali, con fotografie, mappe, video con l'autore che guida il lettore attraverso gli scenari della storia; sembra che siano molto apprezzati dai bambini. Così come si stanno diffondendo prodotti che sono fusioni tra libri e documentari, o romanzi in cui la prosa è intervallata da tracce musicali o video musicali. Anche le app possono essere utili; alcuni editori hanno creato app di scrittori grazie alle quali è possibile acquistare libri e racconti, vedere videoclip o ascoltare l'autore che legge.

Anche in questo caso, come nei media esaminati in precedenza, si incrociano novità di contenuto e novità/opportunità tecnologiche. Oltre ai lettori elettronici classici, dal Kindle della Amazon a quelli degli editori italiani, ci sono i tablet che si prestano sempre meglio alla bisogna.

Dall'inizio degli anni dieci, poi, sta conoscendo un successo crescente il Kindle single, instant book brevi, dal prezzo basso, spesso a metà tra il reportage e il libro, che permette ai giornalisti di non limitare le loro cronache o i loro racconti alle poche righe del quotidiano e di non attendere i tempi delle pubblicazioni cartacee. Stanno prendendo piede anche in Italia; se si va a vedere il sito di Bookrepublic, libreria digitale di e-book in italiano, dove sono presenti i principali editori italiani, si vedrà che campeggiano molte narrazioni brevi e a basso prezzo.

Dagli Stati Uniti, poi, ci arriva la notizia degli ottimi risultati dei romanzi erotici su e-book, che permettono di evitare il senso di vergogna per la copertina.

L'editoria elettronica ha reso inoltre possibile il fenomeno del self publishing ovvero l'autopubblicazione. I grandi editori hanno presto capito che era un genere potenzialmente redditizio e quindi da intercettare. Il capofila è stato Amazon, che col KDP, il Kindle Direct Publishing, permette agli autori di pubblicare il proprio romanzo a prezzi molto competitivi, saltando la mediazione degli editori classici. John Locke, alias Donovan Creed, con un romanzo popolare venduto a 99 centesimi, ha superato il milione di copie, ma anche Amanda Hocking, Barbara Freethy, Stephen Leather, tutti successi da centinaia di migliaia di copie; i successi inaspettati cominciano a essere più di un manipolo. L'accordo prevede di norma che il 70% degli introiti vada agli autori e il 30% all'editore. Altri editori, anche grandi, si sono messi sulla strada aperta da Amazon, e c'è chi – ad esempio Penguin – fa pagare il servizio di editing. Anche in Italia si muovono i primi passi, con vari siti – ilmiolibro.it, almaradio.it, scrittorevincente.com, danaelibri.it – che pubblicano, accompagnano, offrono consigli, gratis o a pagamento. Nell'autunno 2012 in Italia siamo a quasi 7.000 e-book autopubblicati, negli Stati Uniti oltre 200.000.

È uno dei nodi del mercato editoriale del futuro. Sia alcuni grandi player globali – Google, Amazon, Apple – sia editori più piccoli cercano di ridurre la filiera editoriale, e in qualche caso puntano alla disintermediazione totale. È un'operazione potenzialmente emancipatrice, che in teoria ci libera da gabelle e gabellieri, e si va ad aggiungere alla schiera delle realizzazioni rese possibili dalla Rete, non del tutto dissimile dal nobile *crowdfunding*, microfinanziamenti che permettono la realizzazione di iniziative culturali e documentari.

Ma è operazione anche rischiosa, comprensibile nel caso dei grandi gruppi informatico-editoriali, meno comprensibile nel caso degli editori classici. L'eventuale affermazione del self publishing comporterà il progressivo indebolimento della funzione selettiva e mediatrice dell'editore. Per secoli ha funzionato un modello basato sull'esclusiva del diritto d'autore per periodi molto lunghi e sulla concentrazione e il controllo della distribuzione. L'editore aveva insomma il controllo totale dei vari passaggi della filiera; oggi non è più così (Roncaglia, 2010; Cataluccio, 2010; Darnton, 2011).

Si rischia la sparizione di molti editori, e si rischia la selva indifferenziata, l'autopromozione incontrollata, il trionfo del narcisismo di massa (Di Stefano, 2012), perché l'editore per secoli ha svolto una funzione di mediazione basata sull'esperienza, sul fiuto, sull'affidabilità, sulla ricerca, e potrebbe non aver torto chi sostiene che credere di poter fare a meno della mediazione sia un'illusione ingenua, «che sottovaluta come tutto il vivere sia il risultato di complesse mediazioni» (Calasso, 2012, p. 57). Sono ancora tutte da indagare le possibili conseguenze sulla qualità della produzione.

È una questione non dissimile da quella dell'attendibilità dei siti giornalistici; c'è la possibilità che smantellando l'apparato del giornalismo tradizionale e autorevole si diventi preda di voci superficiali o omologhe al ricevente – che quindi non ci espongono a opinioni o notizie inaspettate – o ancora interessate (Garton Ash, 2010). Ci sono app, quali Flipboard e Zite, che personalizzano il materiale che ricevo, e gli algoritmi utilizzati in Rete lavorano in base al nostro modo di navigare, così che il rischio di una sorta di chiusura in bozzoli mediatici personalizzati, che lasciano filtrare solo ciò che è vicino ai nostri gusti, indubbiamente c'è. Sembrerebbe ad esempio che i deputati americani che vengono dalle città in cui non c'è un influente quotidiano locale siano tra i più assenteisti e svogliati.

Insomma, la minaccia che i giganti americani dell'editoria elettronica creino un oligopolio che omologhi e impoverisca l'offerta va tenuta presente. Come si è detto, gli editori italiani stanno attivandosi e in qualche caso alleandosi, mettendo assieme editori, distributori, librerie.

Ma le scosse non finiscono qui. Acquistare e leggere online, e-book ma non solo, lascia tracce. Gli editori sanno cosa leggiamo, come leggiamo, che parti sottolineiamo, quali libri abbandoniamo e quali condividiamo, e sempre più verremo cercati e corteggiati sulla base dei gusti che abbiamo espresso. La lettura diventa statistica (Staglianò, 2012), e ci espone alla costruzione di profili commerciali.

Non dimentichiamo inoltre un'altra conseguenza possibile, ovvero l'editing perenne, la modifica continua dei propri scritti, la fine delle versioni statiche o modificate solo in edizioni successive. Per la disperazione dei filologi.

Ecco, il giornalista oggi si trova al crocevia tra tutti questi processi. In apparenza i fenomeni più rilevanti – il rapporto diretto tra fonti e fruitori, la nascita del prosumer, la multidirezionalità dei flussi informativi, la crescente disintermediazione nella filiera della produzione culturale – rendono la funzione del giornalista molto più debole, molto meno indispensabile. Il giornalista presidia un territorio che non ha più confini, monitora una popolazione difficile da definire e autorità che faticano a essere riconosciute. E tuttavia, come si è visto sopra, sono in molti a sostenere che la realtà sia troppo complessa e la giornata delle persone troppo limitata perché venga meno il bisogno di intermediari.

6. La pratica giornalistica

In questo capitolo conclusivo vorremmo dare qualche coordinata su come si svolge nella pratica il lavoro di giornalista culturale. Crediamo sia bene premettere che l'informazione culturale viene da anni critici e di trasformazione. Si è citata in precedenza la vicenda statunitense, e il netto restringimento del mercato del lavoro; anche da noi la crisi economica ha reso il settore molto instabile.

6.1. Redazioni e free lance

La redazione culturale è un'entità polimorfa, specchio della materia di cui si deve occupare. Chi ci ha letto finora avrà notato l'insistenza posta sulla difficoltà della definizione del concetto di cultura, che dipende da molti fattori, è soggetta a costanti mutamenti ed evolve con la società. Le redazioni che si sono occupate e si occupano di cultura hanno seguito e seguono le trasformazioni. Lavorare in cultura vuol dire che ci si può occupare di temi culturali in senso stretto, ma anche di spettacolo, di società, di mass media, talvolta di scienze. Come si è scritto nell'*Introduzione*, molto spesso queste redazioni sono accorpate, e i redattori seguono vari argomenti. Questo accade in tutto il mondo e in tutti i mezzi di comunicazione. Da anni è in corso ovunque una riduzione del personale e dello specialismo, che significa che i giornalisti sono chiamati a essere elastici, multidisciplinari, flessibili. In linea generale ormai solo i grandi organi di stampa mantengono una redazione culturale classica, in cui ci si occupa solo di forme culturali "alte". Questo avviene soprattutto sulla carta stampata e nelle grandi radio pubbliche, in televisione prevale l'*entertainment*, mentre su Internet al giornalista culturale sono chieste agilità e varietà.
Il redattore culturale è una figura ritenuta spesso marginale all'interno della stampa, per ragioni storiche e organizzative. Storicamente nei giornali gli articoli di Terza, ma anche le recensioni degli spettacoli, erano opera di collaboratori esterni, di solito critici di professio-

ne, accademici, esperti. Al giornalista spettava un compito che grosso modo potremmo definire di collazione, di scelta, commissione, correzione. E siccome la cultura è – molto più degli spettacoli – agli ultimi posti tra gli argomenti d'interesse dei lettori, è anche tra i primi settori a essere sacrificato. È inoltre un settore non di prima linea, il più lontano dalle *hard news*, e quindi tende a non attrarre chi abbia ambizioni da cronista, da giornalista puro.

Detto questo, ci pare però che oggi il suo ruolo possa trovare una consistenza non marginale. Anzitutto, essendosi appassita la funzione dei critici, ai giornalisti viene spesso chiesto di essere cronisti ma anche giudici. Accade sempre di più sui quotidiani, anche perché la recensione classica è in via di sparizione, e si punta su brevi schede possibilmente accessibili. Sono, in secondo luogo, cresciuti moltissimo gli argomenti di cui occuparsi e la produzione dell'industria culturale e dell'intrattenimento, il che significa che l'agenda è più ricca e occorrono voci che la raccontino, che facciano cronaca culturale.

È sempre più solida, infine, la caratteristica italiana dello sguardo culturale sull'attualità, il contributo della riflessione alla folla delle *hard news*. Che, tradotto nella pratica, significa che al giornalista culturale viene spesso chiesto di intervistare gli esperti, umanisti o scienziati (Sorrentino, 2007, pp. 143 ss.).

Restando sul terreno della pratica, va detto che solitamente la redazione culturale non è il primo approdo di una carriera, proprio perché viene considerato un luogo di seconda linea, che necessita inoltre di esperienza e di una certa propensione allo sguardo pacato, attento anche a ciò che non scorre sulla superficie del mondo. Le prospettive professionali sono incerte, come e più che negli altri settori; inutile negare che la fisionomia attuale dei mass media spinge sempre di più verso figure poliedriche, alle quali capiterà di doversi occupare di fenomeni alti e bassi, di letteratura e televisione, di religione, scienza ma anche showbusiness. Quanto alla preparazione e agli studi, la complessità del campo porta a dire che non esistono strade privilegiate o nettamente suggeribili; giova la curiosità, la passione verso i temi che si sono enucleati nel corso del libro. E proprio complessità e varietà spingerebbero ad affermare che sia questo il settore più adatto alla figura del free lance. È vero, ma più all'estero che in Italia. Il free lance è un giornalista che non ha padroni, offre le sue prestazioni sul mercato, ha quindi più libertà e meno sicurezze. Dipende dalla sua capacità e dalle condizioni di mercato. Per questo il free lance ha vita difficile in Italia. Il mercato del lavoro giornalistico nel nostro paese è piuttosto asfittico, l'offerta modesta, le retribuzioni basse. La crescita del giornalismo online è un'opportunità – più luoghi su cui si può scrivere – e un rischio – concorrenza crescente e *dumping* salariale. Pochi editori, quelli degli organi più importanti, pagano cifre accettabili per un pezzo o anche una collaborazione ex articolo 2 del contratto nazionale. In molti casi le somme sono modestissime, e capita anche, all'inizio del rapporto, che la collaborazione sia gratuita.

Nonostante ciò, il free lance ha probabilmente il futuro dalla sua, e non si sa se sia un bene o un male. Le aziende editoriali da anni portano avanti una politica di riduzione del personale fisso, a tempo indeterminato, e le annose battaglie tra editori e sindacato dei giornalisti ne sono la testimonianza. Ciò significa che andrà a estendersi la componente dei rapporti di lavoro saltuari, a prestazione. È in ogni caso una scelta professionale coraggiosa e faticosa, perché si tratta di cercare notizie, idee, spunti, e proporli al giornalista interno con il quale si è creato un rapporto. Siccome è raro che con una collaborazione sola si riesca a sopravvivere, occorre riuscire a instaurare rapporti con più organi di stampa, che possono anche essere media diversi. La concorrenza è dura, sia perché come si diceva l'offerta è scarsa, sia perché nel settore culturale c'è anche la corposa flotta degli intellettuali che fanno delle collaborazioni la loro attività secondaria, e che spesso sono voci molto ambite dalla stampa. Il free lance può anche esercitare attività di ufficio stampa. Sono anzi molti nel nostro paese gli uffici stampa free lance. Chi vi lavora non è necessariamente un giornalista, di solito è un libero professionista con partita IVA.

6.2. Uffici stampa e agenzie di comunicazione

È l'altra faccia della medaglia, un settore in crescita e cambiamento. In crescita perché direttamente correlato con lo sviluppo dell'industria culturale e dell'intrattenimento, in cambiamento perché rispecchia in modo abbastanza fedele quanto sta accadendo nel mercato culturale. Dal punto di vista professionale è inoltre uno dei settori più aperti.

Sono moltissimi i luoghi in cui si produce cultura o spettacolo e che hanno bisogno di una mediazione mediatica: case editrici, case di produzione, enti di ricerca, università, grandi aziende che decidono di investire in cultura, e non bisogna dimenticare l'ascesa del settore del turismo culturale e dei festival.

Lavorare nell'ufficio stampa di una casa editrice (ma anche di una casa di produzione cinematografica o televisiva) significa essenzialmente fare due cose: procurare "pezzi" e recensioni e seguire gli autori nelle campagne promozionali, soprattutto organizzando interviste.

C'è quindi un lavoro di selezione, filtro e veicolo delle informazioni interne verso il mondo dei media (Stringa, 2007, p. 11), per cui un momento centrale è quello del rapporto con i giornalisti, un rapporto che va coltivato attraverso una rete di contatti la più ampia possibile.

Ovviamente un altro aspetto importante del lavoro è quello del monitoraggio di ciò che esce sulla stampa, che è poi la prova più affidabile dell'efficacia dell'azione svolta. È un genere di attività che può essere compiuto in maniera "casalinga", ma i gruppi più grandi si affidano ad agenzie specializzate, che fanno ogni genere di rassegna stampa, sia per il cartaceo sia per la radio e la televisione.

Un altro aspetto del lavoro può essere quello di curare il sito, le pagine web, ed è un'attività destinata a divenire sempre più centrale. L'offerta di lavoro è in diretta relazione con la struttura del sistema editoriale.

In Italia c'è un manipolo di grandi gruppi, e poi una miriade di piccole case editrici. Queste ultime non sempre hanno qualcuno che si occupi dei rapporti con la stampa – più spesso ci sono figure trasversali, che fanno un po' tutto, dal leggere i dattiloscritti a occuparsi dei contratti, ai rapporti con la stampa –, mentre le grandi case hanno uffici stampa piuttosto strutturati. Per quel che riguarda la formazione e la preparazione, oggi il mercato italiano si sta strutturando in modo simile a quello di paesi con mercati del libro più vasti e organizzati. Ci sono sempre più corsi sull'editoria e sulla comunicazione editoriale. Il panorama si è fatto insomma piuttosto simile a quello più generale del giornalismo, con criteri simili di accesso: stage con rimborso spese, primi contratti, lungo precariato. Il fatto di lavorare con i libri – o con i film, o con i prodotti audiovisivi – non comporta necessariamente studi specifici. Non guasta, ovviamente, ma la prassi ci dice che gli studi di provenienza sono i più diversi, e sono forse più indicate la duttilità e la curiosità che la specializzazione. Quest'ultima può essere d'aiuto invece nel caso si lavori in uffici stampa di luoghi per così dire monotematici, quali enti teatrali o musicali o nel caso di chi deve comunicare l'arte.

Non occorre essere giornalisti. Negli uffici stampa di case editrici, enti vari, agenzie di comunicazione, lavorano figure variegate, e molto spesso a chi lavora nell'ufficio stampa non viene applicato un contratto giornalistico ma il contratto del comparto. In linea generale le aziende tendono comunque a prendere professionisti dell'informazione e anche se non vengono contrattualizzati come giornalisti versano i loro contributi all'Istituto nazionale previdenza giornalisti italiani (INPGI). Diverso il caso di chi esercita attività di informazione e comunicazione nella pubblica amministrazione. La legge 7 giugno 2000, n. 150, prevede che a farlo siano giornalisti, pubblicisti o professionisti, interni o esterni alle amministrazioni, quindi nel caso del ministero dei Beni culturali o negli assessorati alla Cultura sono tendenzialmente giornalisti a esercitare questa attività.

L'aspetto forse più interessante in relazione alle cose che si sono dette finora riguarda l'efficacia dell'attività dell'ufficio stampa. Oggi la recensione classica è in crisi e, come si è detto, si è indebolita la funzione dei critici militanti e si sono moltiplicati i luoghi in cui si parla di cultura, di libri, magari in poche agili righe. L'ufficio stampa ha a disposizione una vera panoplia, mille rivoli in cui cercare di far parlare del prodotto: giornali, riviste, siti, radio, TV, per non dire dell'eco che possono potenzialmente avere i premi letterari e i festival.

In un saggio sugli italiani e la lettura (Solimine, 2010) si scopre che nel 20% dei casi si arriva a scegliere un libro sulla base di recensioni lette su riviste e giornali e nel 18% sulla base di interviste e presentazioni ascoltate in TV o alla radio. Sarebbero tra l'altro percentuali in crescita. Solo l'8% dipenderebbe dalle inserzioni pubblicitarie pubblicate sui giornali o dalla cartellonistica. Sono interessanti anche i dati di una ricerca curata dall'ottimo sito nonfiction.fr su chi orienta

le scelte dei francesi in libreria. Al primo posto c'è "Le Monde des Livres", poi Telerama, quindi la radio. Starebbe crescendo l'influenza dei social media. Sono dati che coincidono solo in parte con quanto ci è stato detto dagli uffici stampa delle case editrici e con quanto si legge sui quotidiani o in Rete.
In testa per capacità di influenza ci sarebbero, infatti, televisione e Internet, specie i social network; la percentuale di giovani e giovanissimi che orientano le loro scelte sulla base di recensioni cartacee sarebbe quasi irrilevante.
In Italia lo spazio maggiormente ambito non è più, come una volta, quello più prestigioso (gli inserti culturali, le pagine culturali dei grandi giornali), ma alcuni programmi televisivi in cui si parla anche di libri, perché con la loro grande audience e in qualche caso per la capacità del conduttore riescono a decretare il successo di un libro. Negli ultimi anni è stato soprattutto il caso di *Che tempo che fa*. Un passaggio televisivo che significa spesso migliaia di copie vendute. E il successo di libri tutt'altro che di massa. Grazie a Roberto Saviano sono entrati in classifica la poetessa polacca Szymborska (pochi istanti dopo la lettura dei versi già centinaia di persone stavano su Amazon e IBS a ordinare i libri...) e il romanziere russo Šalamov (70.000 copie, dalle 80 dell'anno del pre-passaggio TV). Il libro di Massimo Gramellini *Fai bei sogni* dopo il passaggio del suo autore da Fazio ha venduto 50.000 copie in una settimana. Fenomeni paragonabili alle 110.000 copie vendute da *La verità vi prego sull'amore* del poeta inglese Auden dopo il grande successo del film *Quattro matrimoni e un funerale* in cui veniva letta una poesia di quella raccolta. L'influenza di Saviano, peraltro, va ormai ben al di là della televisione. Anche la sua rubrica sull'"Espresso" moltiplica le vendite dei libri consigliati. Importante è anche l'universo radiofonico, di cui abbiamo detto, in particolare la trasmissione di Radio3 *Fahrenheit*.
La stampa, ovviamente, conserva una sua influenza, con i suoi mille rivoli. E con una novità importante. Laddove sino a qualche anno fa decisive erano le grandi pagine culturali con i loro critici riconosciuti, oggi per le vendite contano altrettanto, se non di più, i settimanali più popolari, anche di natura molto diversa, i femminili, "Vanity Fair", "Famiglia Cristiana". Per essere pratici, per un ufficio stampa

è più importante un trafiletto su "D" della "Repubblica" che un'attenta lettura che esce su riviste prestigiose come "Nuovi Argomenti", "Lo Straniero" o "L'Indice".
E veniamo al crescente peso dei festival e del turismo culturale. Rappresenta un presente e una prospettiva interessante. Circa 10 milioni di italiani ogni anno seguono uno delle centinaia di festival sparsi sul territorio; il giro d'affari è di centinaia di milioni di euro, quelli di genere culturale sono moltissimi, a partire da quel Festivaletteratura di Mantova che ha fatto in qualche modo da apripista.
Oggi l'Italia sta sullo stesso piano di un paese, l'Inghilterra, che ha cominciato ben prima, e si assiste a un continuo aumento, anche perché in diversi casi è stata dimostrata la ricaduta positiva non solo in termini culturali ma per l'economia del territorio.
Qualche riga sulle agenzie di comunicazione. Sono soggetti che si occupano di vari campi e che lavorano per vari clienti. Ci sono colossi e agenzie più piccole e agili. È un lavoro più articolato di quello dell'ufficio stampa vero e proprio; ci si occupa anche di acquistare spazi pubblicitari, delle campagne, della grafica, e non a caso si danno casi in cui i rapporti con la stampa sono gestiti all'interno dell'agenzia e altri in cui vengono delegati a un ufficio stampa esterno.
È una professione molto cresciuta negli ultimi anni, lo dimostra la quantità di corsi e master, dalla promozione del turismo al *media entertainment*.

Bibliografia

Letture consigliate

Capitolo 1

Oltre ai libri citati nel testo, suggeriremmo di partire da S. H. STEINBERG, *Cinque secoli di stampa*, Einaudi, Torino 1982. Poi, indispensabili: BRIGGS, BURKE (2007) e SASSOON (2008); utile anche PAPUZZI (2010). Per una storia a partire dall'avvento della stampa di massa cfr. GORMAN, MCLEAN (2005). Da vedere anche MATTELART (2002) e J. N. JEANNENEY, *Storia dei media*, Editori Riuniti, Roma 2003. Pagine interessanti anche in *Il secolo dei media*, di P. ORTOLEVA, il Saggiatore, Milano 2009.

Capitolo 2

Per un inquadramento generale: AA.VV., *Storia del giornalismo italiano*, UTET, Torino 1997 e i volumi curati da V. CASTRONOVO, N. TRANFAGLIA, *Storia della stampa italiana*, Laterza, Roma-Bari 1976-95. I libri più recenti sono indicati in bibliografia. Un libro pionieristico è PICCIONI (1894). Sulla Terza pagina impossibile non andare ai classici FALQUI (1953 e 1969). Cfr. anche R. GISOTTI, *La nascita della terza pagina*, Capone, s.l. 1986. Importante è PACCAGNINI (2001), da leggere anche PAPUZZI (1998), G. BECHELLONI, *Giornalismo o postgiornalismo?*, Liguori, Napoli e F. FROIO, *L'informazione spettacolo*, Editori Riuniti, Roma 2000. Per opere più recenti: F. BORSATO, *Terza pagina*, Pagine, Roma 2001; BENVENUTO (2002) e, dello stesso autore, *La malinconia del critico*, Sellerio, Palermo 2005 e BERTONI (2009), che spiega bene il rapporto tra intellettuali e giornalisti.
Tra la prima e la seconda edizione, infine, è uscito un documentatissimo saggio, una vera miniera, più volte richiamato nel testo: FERRETTI, GUERRIERO (2010).

Capitolo 3

Per una prima introduzione all'argomento cfr. C. MANNUCCI, *La società di massa*, Edizioni di Comunità, Milano 1967; M. LIVOLSI (a cura di), *Comunicazioni e cultura di massa*, Hoepli, Milano 1969 e A. ABRUZZESE, *Forme estetiche e società di massa*, Marsilio, Padova 1973. Da leggere tutti i saggi di Umberto Eco degli anni sessanta. Sulla fase iniziale dell'espansione della cultura popolare commerciale cfr. FORGACS, GUNDLE (2007). Un manuale denso e acuto è quello scritto da ABRUZZESE, MANCINI (2007), così come per un ampio e collettivo sguardo sull'industria culturale è utile M. MORCELLINI (a cura di), *Il Mediaevo*, Carocci, Roma 2001, e anche G. FATELLI, *Sociologia dell'industria culturale*, Carocci, Roma 2007 e M. LIVOLSI, *Il pubblico dei media*, Carocci, Roma 2003. Per l'Italia cfr. in particolare SORICE (1998). Utile per un panorama su teorie e miti della cultura di massa A. MECACCI, *L'estetica del pop*, Donzelli, Roma 2011. Libri introduttivi per il mondo anglosassone: B. ROSENBERG, D. M. WHITE (a cura di), *Mass Culture. The Popular Arts in America*, The Free Press, Glencoe (IL) 1957, e l'antologia di N. JACOBS (a cura di), *Culture for the Millions? Mass Media in Modern Society*, Van Nostrand, Princeton 1959. Da allora la bibliografia sul tema è cresciuta esponenzialmente. Un notevole affresco sul postmoderno e sui movimenti teorici che l'hanno alimentato è CARRAVETTA (2009). Per l'analisi contemporanea si può partire da libri e articoli dell'americano P. DI MAGGIO, in particolare i saggi raccolti in *Organizzare la cultura*, il Mulino, Bologna 2009. Sul tema dello status e del capitale culturale indispensabile è P. BOURDIEU, *La distinzione*, il Mulino, Bologna 1983 (ed. or. 1979). Per riprese contemporanee di sguardi sdegnosi sulla cultura di massa invitiamo a leggere i saggi di H. BLOOM e M. FUMAROLI. Sulla società dei consumi, si può cominciare con S. CAVAZZA, E. SCARPELLINI, *Il secolo dei consumi*, il Mulino, Bologna 2010, poi P. CAPUZZO, *Culture del consumo*, il Mulino, Bologna 2006, e E. SCARPELLINI, *L'Italia dei consumi*, Laterza, Roma-Bari 2008. Per l'economia della cultura e i consumi culturali: F. BENHAMOU, *L'economia della cultura*, il Mulino, Bologna 2000; R. SASSATELLI, *Consumo, cultura e società*, il Mulino, Bologna 2004; SANTAGATA (2007). Da seguire la rivista "Economia della Cultura". Per una descrizione del paesaggio mediatico e culturale contemporaneo, si consiglia di partire dai saggi dei sociologi indicati in bibliografia e poi JENKINS (2007) e M. GIOVAGNOLI, *Cross-Media*, Apogeo, Milano 2008. Sul rapporto tra giornalismo e mercato cfr. i saggi di L. BOGART. Per i quotidiani italiani utile è il libro di L. FABBRI, *I quotidiani: politiche e strategie di marketing*, Carocci, Roma 2007.

Capitolo 4

Per le pagine culturali statunitensi sono da vedere le ricerche pubblicate dalla NAJP della Columbia University. Per quelle britanniche ci permettiamo di rimandare a G. ZANCHINI, *Quale cultura per quale mercato? Le pagine culturali italiane e anglosassoni tra mercato e gerarchie*, Editoriale Scientifica, Napoli 2006. Sui fondi pubblici alla stampa in USA: DOWNIE, SCHUDSON (2009). Per l'Italia, oltre ai libri suggeriti per il capitolo 2, cfr. AJELLO (1974) e, dello stesso autore, *Lezioni di giornalismo*, Laterza, Roma-Bari 1985 e i testi di C. SORRENTINO, in particolare *I percorsi della notizia*, Baskerville, Bologna 1985 e *Il giornalismo*, Carocci, Roma 2003. Per un approccio pragmatico, con molti dati sul rapporto tra giornali e libri, cfr. SANTORO (1998), e per indicazioni più recenti i lavori di VANNUCCHI (2008 e 2011) e SOLIMINE (2010) e la rivista "Problemi dell'informazione". Per le analisi sulla stampa internazionale da consultare le riviste specialistiche tramite i database, ma anche il sito della rivista "Internazionale".

Capitolo 5

Sulle riviste, oltre alle storie generali, cfr. il saggio di L. LILLI, *La stampa femminile* in *Storia della stampa italiana* di CASTRONOVO e TRANFAGLIA già citata, e L. MATERASSI, *Stampa periodica e stile di vita*, in C. SORRENTINO (a cura di), *Il campo giornalistico*, Carocci, Roma 2006. Sulla televisione e la cultura si può partire dai lavori di A. GRASSO e E. MONTELEONE. Oltre a quelli citati tra i riferimenti, cfr. *Storia della televisione italiana*, Garzanti, Milano 2004, ma anche *Il libro e la televisione*, Nuova ERI, Roma 1993. C'è poi un'utile ricerca ad uso interno della RAI sul dibattito, i dati e le esperienze europee; è del 2004, ed è reperibile nella biblioteca della RAI di Roma. Tra i libri più recenti: C. FRECCERO, *Televisione*, Bollati Boringhieri, Torino 2013; M. POLO, *L'informazione che non c'è*, il Mulino, Bologna 2012; A. NICITA, G. B. RAMELLO, F. SILVA, *La nuova televisione*, il Mulino, Bologna 2008; E. MENDUNI, *Fine delle trasmissioni*, il Mulino, Bologna 2007; B. OLIVI, B. SOMALVICO, *La nuova Babele elettronica*, il Mulino, Bologna 2003. Sulla storia del servizio pubblico italiano E. SCOTTO LAVINA, *Tra Sisifo e Nesso*, Lampi di Stampa, Milano 2011. Per la televisione degli ultimissimi anni ma anche del futuro può essere utile consultare – si trova in Rete – la ricerca *The Internet Era of TV di ITMedia Consulting*. Sul fenomeno delle web TV locali cfr. V. G. COLLETTI, *TV fai-da-web*, Il Sole 24 Ore, Milano 2012. Da vedere anche i materiali di studio pubblicati dall'associazione Infocivica sul suo sito e i numeri del 2012 della rivista "Nuova Civiltà delle Macchine", con analisi importanti sulla crossmedialità. Per uno sguardo sui servizi pubblici europei, cfr. BOURDON (2011) e AA.VV., *L'occhio del pubblico. Dieci anni di Osservatorio RAI sulla televisione europea*, RAI-ERI, Roma 2008. In particolare per la storia britannica, C. SEYMOUR-URE, *The British Press and Broadcasting since 1945*, Blackwell, Oxford 1996; M. HIBBERD, *Il grande viaggio della* BBC, RAI-ERI, Roma 2005, e A. BRIGGS, *The History of Broadcasting in the* UK, Oxford University Press, Oxford 1995.

Sulla radio un'agile ma esaustiva introduzione è B. FENATI, A. SCAGLIONI, *La radio: modelli, ascolto, programmazione*, Carocci, Roma 2002, e naturalmente P. ORTOLEVA e B. SCARAMUCCI (a cura di), l'*Enciclopedia della radio*, Garzanti, Milano 2003. Da leggere anche MENDUNI (2012), corposo aggiornamento di un saggio del 2001. Per l'estero, D. HENDY, *Radio in the Global Age*, Polity Press, Cambridge 2000 e A. CRISELL (ed.), *More than a Music Box*, Berghan Books, New York 2004. Per una storia di radio3 cfr. G. MAGI, *Dal Terzo Programma a*

radio3, 1950-2010, RAI-ERI, Roma 2010. Per le prospettive consigliamo di guardare il sito Future of Radio Online. Per iniziare a esaminare quel che accade sul web si possono leggere i saggi dei sociologi e dei giornalisti italiani citati nei riferimenti bibliografici, specie PRATELLESI (2008). Per le conseguenze sociali cfr. anche A. CASILLI, *Les liaisons numeriques*, Seuil, Paris 2012. Su Twitter cfr. A. VALERIANI, *Twitter factor*, Laterza, Roma-Bari 2011.
Per un'introduzione su supplementi e blog letterari è utile leggere il dibattito uscito su "El País" e ripreso da "la Repubblica" il 6 gennaio 2012. Per approfondire G. IANNUZZI, *L'informazione letteraria nel web*, Biblion, Milano-Venezia 2009. Un utile strumento per tenersi aggiornati è l'inserto "Nova" che esce la domenica con il "Sole 24 Ore".

Capitolo 6
Per cominciare: E. MENDUNI, A. CATOLFI, *Le professioni del giornalismo*, Carocci, Roma 2001. Per testimonianze pratiche cfr. il capitolo sulle pagine culturali di C. VOLPI (a cura di), *I mestieri dell'arte*, Electa, Milano 2007. Sulla professione al tempo di Internet: R. STAGLIANÒ, *Giornalismo 2.0*, Carocci, Roma 2002. Sugli uffici stampa cfr. la monografia di STRINGA (2007) e anche F. LO SAVIO, L. LORENZETTI, *Comunicare ai media*, Eurilink, Roma 2008. Sulla comunicazione culturale S. NURAGHI, P. STRINGA (a cura di), *Marketing culturale*, FrancoAngeli, Milano 2006, e per avere un quadro dell'offerta e delle prospettive, *Le professioni dei comunicatori in Italia*, UCSI-UNISOB 2007. In particolare sulla comunicazione del libro cfr. M. RAK (a cura di), *Comunicare con il libro*, Mondadori, Milano 2011 e G. RAGONE, *L'editoria in Italia*, Liguori, Napoli 2005.

Riferimenti bibliografici

ABRUZZESE A., MANCINI P. (2007), *Sociologie delle comunicazioni*, Laterza, Roma-Bari.

ADORNO T. W., HORKHEIMER M. (1966), *Dialettica dell'illuminismo*, Einaudi, Torino (ed. or. 1947).

AGOSTINI A. (2004), *Giornalismi*, il Mulino, Bologna.

AJELLO N. (1974), *Lo scrittore e il potere*, Laterza, Roma-Bari.

ANGELA P. (2012), intervista su "l'Unità", 2 febbraio, p. 9.

ASOR ROSA A. (2009), *Il grande silenzio. Intervista sugli intellettuali*, Laterza, Roma-Bari.

AVVEDUTO S. (a cura di) (2012), *Scienza connessa. Rete, Media e Social Network*, Gangemi, Roma.

BARCA F. (2011), *XIV Rapporto dell'Istituto di Economia dei Media della Fondazione Rosselli*, Torino.
BARICCO A. (2006), *I barbari*, La biblioteca di Repubblica, Roma.
ID. (2010), *I nuovi barbari*, in "Wired", 29 agosto.
BENVENUTO B. (2002), *Elzeviro*, Sellerio, Palermo.
BERARDINELLI A. (2010), *Troppi romanzi uccidono la critica*, in "Corriere della Sera", 11 agosto, p. 39.
ID. (2012), *I nostri amatissimi barbari*, in "Il Foglio", 17 marzo.
BERTONI C. (2009), *Letteratura e giornalismo*, Carocci, Roma.
BOCCIA ARTIERI G. (2009a), *Sfere pubbliche connesse: vita online nell'era di blog e social network*, in AA.VV., *La vita on line*, Manni, Lecce.
ID. (2009b), *Supernetwork: quando le vite sono connesse*, in Mazzoli (2009), pp. 21-40.
ID. (2012), *Stati di connessione*, FrancoAngeli, Milano.
BONAMI F., MASTRANTONIO L. (2008), *Irrazionalpopolare*, Einaudi, Torino.
BONINI T. (2006), *La radio nella rete*, Costa&Nolan, Milano.
ID. (a cura di) (2013), *La radio in Italia*, Carocci, Roma.
BOURDON J. (2011), *Du service public à la télé-réalité. Une histoire culturelle des télévisions européennes, 1950-2010*, INA Editions, Bry-sur-Marne.
BREVINI F. (2008), *Un cerino nel buio*, Bollati Boringhieri, Torino.
BRIGGS A., BURKE P. (2007), *Storia sociale dei media*, il Mulino, Bologna (ed. or. 2005).
BRUNO N., MASTROLONARDO R. (2011), *La scimmia che vinse il Pulitzer*, Bruno Mondadori, Milano.
CALASSO R. (2012), intervista di Loredana Lipperini, in "la Repubblica", 3 marzo, p. 57.
CAMPANILE A. (2003), *La televisione spiegata al popolo*, Bompiani, Milano (1ª ed. 1983).
CAROTENUTO G. (2011), *Il giornalismo partecipativo*, in M. Morcellini (a cura di), *Neogiornalismo*, Mondadori, Milano, pp. 197-206.
CARR N. (2011), *Internet ci rende stupidi?*, Raffaello Cortina, Milano.
CARRAVETTA P. (2009), *Del postmoderno*, Bompiani, Milano.
CASTELLS M. (2003), *La città delle reti*, Reset, Milano.
CATALUCCIO F. (2010), *Che fine faranno i libri?*, Nottetempo, Roma.
CAVAGLION A. (2007), *Il caso Toaff*, in "Lo Straniero", 3, pp. 8-10.
CENSIS-UCSI (2011), *Nono rapporto sulla comunicazione. I media personali nell'era digitale*, FrancoAngeli, Milano.
ID. (2012), *Decimo rapporto sulla comunicazione. I media siamo noi. L'inizio dell'era biomediatica*, FrancoAngeli, Milano.
COLLINS J. (ed.) (2002), *High-pop. Making Culture into Popular Entertainment*, Blackwell, Malden (MA).
COLOMBO F. (2012), *Il paese leggero. Gli italiani e i media tra contestazione e riflusso (1967-1994)*, Laterza, Roma-Bari.

CRAVERI B. (2001), *La civiltà della conversazione*, Adelphi, Milano.
CRESPI A. (2004), *Contro la Terza Pagina*, BVS, Milano.
CROOK T. (1998), *International Radio Journalism*, Routledge, London.
D'AGOSTINO A. (2011), *Raccontare cultura. L'avventura intellettuale di "Tuttolibri"*, Donzelli, Roma.
D'AMATO F. (2011), *Utenti, azionisti, mecenati. Analisi della partecipazione alla produzione culturale attraverso il crowdfunding*, in "Studi culturali", 8, 3, pp. 373-94.
DARDANO M. (1973), *Il linguaggio dei giornali italiani*, Laterza, Roma-Bari.
DARNTON R. (2011), *Il futuro dei libri*, Adelphi, Milano.
DE BIASE L. (2011), *Cambiare pagina*, Rizzoli BUR, Milano.
DE KERCKHOVE D. (2010), intervista in "Il Giornale", 4 maggio, p. 29.
DELBECCHI N. (2009), *La coscienza di Mike*, Mursia, Milano.
DE MAURO T. (2004), *La cultura degli italiani*, Laterza, Roma-Bari.
DEWERTH D., MEYER P. (2003), *Future Role of Radio*, in D. H. Johnston (ed.), *Encyclopedia of International Media and Communications*, Elsevier Science, San Diego (CA), pp. 70-110.
DI STEFANO P. (2012), *L'algoritmo dell'ego. Così il self publishing travolge l'editoria*, in "La Lettura", 6 maggio, p. 10.
DORFLES P. (2008), *Prefazione* a F. Devescovi, *Il crepuscolo della televisione*, Guerini e Associati, Milano.
ID. (2010), *Il ritorno del dinosauro. Una difesa della cultura*, Garzanti, Milano.
DOWNIE L., SCHUDSON M. (2009), *The Reconstruction of American Journalism*, in "Columbia Journalism Review", October 19.
DURHAM M. G., KELLNER D. (eds.) (2001), *Media and Cultural Studies: Keywords*, Blackwell, London.
EAGLETON T. (2000), *The Idea of Culture*, Blackwell, London.
ECO U. (1983), *Sette anni di desiderio*, Bompiani, Milano.
ID. (2005), *Dall'elzeviro alle pagine culturali*, in A. Varni (a cura di), *Giornalismo e cultura*, Bononia University Press, Bologna, pp. 27-33.
ID. (2010), *Alto medio basso*, in "L'Espresso", 22 aprile, p. 198.
FALQUI E. (1953), *Inchiesta sulla terza pagina*, ERI, Torino.
ID. (1969), *Giornalismo e letteratura*, Mursia, Milano.
FARINELLI G. *et al.* (1997), *Storia del giornalismo italiano*, UTET, Torino.
FARNÈ R. (2003), *Buona maestra TV*, Carocci, Roma.
FERRARI G. A. (2012), *Gli editori davanti alla sfida di Amazon*, in "La Lettura", 6 maggio, p. 29.
FERRETTI G. C., GUERRIERO S. (2010), *Storia dell'informazione letteraria in Italia dalla terza pagina a Internet*, Feltrinelli, Milano.
FERRI P. (2011), *Nativi digitali*, Bruno Mondadori, Milano.
FERRONI G. (2010), *Scritture a perdere*, Laterza, Roma-Bari.
FIUME V. (2012), *Blog letterari, i primi dieci anni*, in "Saturno"- "Il Fatto Quotidiano", 6 gennaio, p. 6.

FLICHY P. (2011), *Internet, il medium dei dilettanti?*, in "Problemi dell'informazione", 23, pp. 263-75.
FORGACS D. (2000), *L'industrializzazione della cultura italiana*, il Mulino, Bologna (ed. or. 1992).
FORGACS D., GUNDLE S. (2007), *Cultura di massa e società italiana, 1936-1954*, il Mulino, Bologna (ed. or. 2007).
GAGGI M., BARDAZZI M. (2010), *L'ultima notizia*, Rizzoli, Milano.
GALLELLI R., ANNACONTINI G. (a cura di) (2011), *e.brain. Sfide formative dai "nativi digitali"*, FrancoAngeli, Milano.
GAMBARO M. (2009), *La radio tra multimedialità e dimensione locale*, Carocci, Roma.
GARTON ASH T. (2010), *La rete alla prova della rivoluzione*, in "Il Sole 24 Ore", 15 ottobre, p. 15.
GENNA G. (2012), *Il fallimento (culturale) dei salotti letterari on line*, in "Il Giornale", 29 marzo.
GIDDINGS A. (2010), *Cultural Differences*, in "Journoblog", 18 maggio.
GIUNTA C. (2008), *L'assedio del presente*, il Mulino, Bologna.
GORMAN L., MCLEAN D. (2005), *Media e società nel mondo contemporaneo*, il Mulino, Bologna.
GOZZINI G. (2011), *La mutazione individualista. Gli italiani e la televisione 1954-2011*, Laterza, Roma-Bari.
GRASSO A. (2007), *Buona maestra*, Mondadori, Milano.
ID. (a cura di) (2008), *Enciclopedia della Televisione*, Garzanti, Milano.
HABERMAS J. (2002), *Storia e critica dell'opinione pubblica*, Laterza, Roma-Bari (ed. or. 1962).
ID. (2007), *SOS giornali*, in "la Repubblica", 23 maggio, p. 47.
HAJDU D. (2009), *Condition Critical*, in "Columbia Journalism Review", Jan./Feb., pp. 27-9.
HALLIN D. C., MANCINI P. (2004), *Modelli di giornalismo*, Laterza, Roma-Bari.
HOBSBAWN E. (2009), *La percezione della paura durante la crisi*, in "Internazionale", 822, p. 90.
HOGGART R. (1957), *The Uses of Literacy*, Penguin, London.
ISTAT (2012), *Rapporto annuale 2012*, www.istat.it.
JANSSEN S., KUIPERS G., VERBOORD M. (2008), *Culture Globalization and Arts Journalism*, in "American Sociological Review", 73, 5, pp. 719-40.
JENKINS H. (2007), *Cultura convergente*, Apogeo, Milano.
ID. (2008), *Fan, blogger e videogamers. L'emergere delle culture partecipative nell'era digitale*, FrancoAngeli, Milano.
KERBAKER A. (2008), *Quando la cultura si racconta*, in S. Vietina, *L'avventura della comunicazione*, Lupetti, Milano, pp. 175-85.
LA GIOIA N. (2012), *La prevalenza dell'e-critico*, in "la Repubblica", 17 ottobre, pp. 38-9.

LA PORTA F., LEONELLI G. (2007), *Dizionario della critica militante*, Bompiani, Milano.
LASSWELL H. (1927), *The Theory of Political Propaganda*, in "The American Political Science Review", 21, 3, pp. 627-31.
ID. (1938), *Propaganda Technique in the World War*, Peter Smith, New York.
LEVINE L. W. (1988), *Highbrow/Lowbrow. The Emergence of Cultural Hierarchy in America*, Harvard University Press, Cambridge.
LOPORCARO M. (2005), *Cattive notizie*, Laterza, Roma-Bari.
LOVINK G. (2012), *Ossessioni collettive. Critica dei social media*, Università Bocconi editore, Milano.
MANCINI P. (2009), *Elogio della lottizzazione*, Laterza, Roma-Bari.
MARTEL F. (2010), *Mainstream*, Feltrinelli, Milano.
MATTELART A. (1994), *La comunicazione mondo*, il Saggiatore, Milano (ed. or. 1994).
ID. (2002), *Storia della società dell'informazione*, Einaudi, Torino (ed. or. 1996).
MAZZOLI L. (a cura di) (2009), *Network Effect*, Codice, Torino.
EAD. (2012), *Il patchwork mediale*, FrancoAngeli, Milano.
MENDUNI E. (2001), *Il mondo della radio, dal transistor a Internet*, il Mulino, Bologna.
ID. (2012), *Il mondo della radio*, il Mulino, Bologna.
MONTANI P. (2002), voce "Cultura", in *La comunicazione*, RAI-ERI, Roma, pp. 336-9.
NEWBURY R. (2012), *Stampa e idee nacquero in una fogna viscida di nome Londra*, in "Il Foglio", 7 aprile.
ONOFRI M. (2007), *La ragione in contumacia*, Donzelli, Roma.
ID. (2008), *Recensire*, Donzelli, Roma.
PACCAGNINI E. (2001), *Letteratura e giornalismo*, in *Storia della letteratura italiana*, Garzanti, Milano, pp. 497-560.
PANARARI M. (2011), *Terza pagina? In pensione. Il giornalismo culturale: servizio, sceneggiatura e controversialità*, in "Problemi dell'informazione", 1, pp. 95-104.
PAPUZZI A. (1998), *Letteratura e giornalismo*, Laterza, Roma-Bari.
ID. (2010), *Professione giornalista*, Donzelli, Roma.
PEDEMONTE E. (2010), *Morte e resurrezione dei giornali*, Garzanti, Milano.
PETERSON R. (1992), *Understanding Audience Segmentation: From Elite and Mass to Omnivore and Univore*, in "Poetics", 21, pp. 243-58.
PICCIONI L. (1894), *Il giornalismo letterario in Italia*, Loescher, Torino.
PISCHEDDA B. (1995), *Due modernità. Le pagine culturali dell'Unità: 1945-56*, FrancoAngeli, Milano.
ID. (2011), *La webletteratura della nuova Italia*, in "Tirature 2011", il Saggiatore, Milano, pp. 62-75.
ID. (2012), *La critica letteraria e il Corriere della Sera - 1876-1945*, Fondazione Corriere della Sera, Milano.

PLACIDO B. (1993), *La televisione col cagnolino*, il Mulino, Bologna.
PRATELLESI M. (2008), *New Journalism*, Bruno Mondadori, Milano.
PUTNAM D. R. (2004), *Capitale sociale e individualismo*, il Mulino, Bologna.
RHEINGOLD H. (2012), *Net Smart*, Amazon.
RICHERI G. (2012), *Economia dei media*, Laterza, Roma-Bari.
ROIDI V. (2004), *La fabbrica delle notizie*, Laterza, Roma-Bari.
RONCAGLIA G. (2010), *La quarta rivoluzione. Sei lezioni sul futuro del libro*, Laterza, Roma-Bari.
RYAN J. (2011), *Storia di Internet e il futuro digitale*, Einaudi, Torino.
SABADIN V. (2007), *L'ultima copia del "New York Times"*, Donzelli, Roma.
SANDOW G. (2007), *Yes, Classical Music Criticism is in Decline*, in "Wall Street Journal", June 21, p. 47.
SANTAGATA W. (2007), *La fabbrica della cultura*, il Mulino, Bologna.
SANTORO M. (1998), *Libri quotidiani*, Liguori, Napoli.
ID. (2000), *Cultura e produzione culturale*, in "Polis", 2, pp. 183-90.
ID. (2007), *Nuovi media vecchi media*, il Mulino, Bologna.
ID. (2010), *Effetto Tenco*, il Mulino, Bologna.
SASSOON D. (2008), *La cultura degli europei. Dal 1800 a oggi*, Rizzoli, Milano (ed. or. 2006).
SCALFARI E. (2010), *I barbari non ci leveranno la nostra profondità*, in "la Repubblica", 2 settembre.
SILIATO F. (2012), *Su misura 2 milioni di telespettatori*, in "Il Sole 24 Ore", 3 maggio.
SIMONE R. (2012), *Presi nella rete*, Garzanti, Milano.
SINIBALDI M. (2003), *Cultura*, in *Enciclopedia della Radio*, a cura di P. Ortoleva e B. Scaramucci, Garzanti, Milano, pp. 220-4.
ID. (2011), *Lo spazio della radio*, comunicazione interna di RadioRAI.
SITI W. (2009), *Pop o trash ma con scintille d'intelligenza*, in "La Stampa", 10 gennaio, p. 33.
SOLIMINE G. (2010), *L'Italia che legge*, Laterza, Roma-Bari.
SORICE M. (1998), *L'industria culturale in Italia*, Editori Riuniti, Roma.
ID. (2000), *Le comunicazioni di massa. Storia, teorie, tecniche*, Editori Riuniti, Roma.
SORRENTINO C. (1994), *Dalla critica alla cronaca*, in "Problemi dell'informazione", 4, pp. 475-88.
ID. (2007), *Tutto fa notizia*, Carocci, Roma.
ID. (2008a), *La società densa*, Le Lettere, Firenze.
ID. (a cura di) (2008b), *Attraverso la Rete*, RAI-ERI, Roma.
SPINAZZOLA V. (1995), *Prefazione* a Pischedda (1995).
STAGLIANÒ R. (2012), *Se l'ebook diventa il libro totale*, in "la Repubblica", 4 marzo, p. 24.
STRINGA P. (2007), *Che cos'è un ufficio stampa*, Carocci, Roma.
THOMPSON E. P. (1963), *The Making of the English Working Class*, Penguin, London.

TONELLO F. (2012), *L'età dell'ignoranza*, Bruno Mondadori, Milano.
VANNUCCHI F. (2008), *Libro e Internet*, Editrice Bibliografica, Roma.
EAD. (2011), *Il mercato editoriale in Italia*, in M. Rak (a cura di), *Comunicare con il libro*, Mondadori, Milano, pp. 3-32.
VARGAS LLOSA M. (2012), *La civilization del espectaculo*, Alfaguara, Madrid.
VATTIMO G. (1989), *La società trasparente*, Garzanti, Milano.
WILLIAMS R. (1958), *Culture and Society: 1780-1950*, Chatto&Windus, London.
WOLF M. (2009), *Proust e il calamaro*, Vita e pensiero, Milano.
ZANCHINI G. (2012), *Fare la radio nell'epoca dei social network*, in "Sociologia della comunicazione", 41-42, pp. 143-60.
ZINGALES L. (2010), *Intellettuali, che vivacità degli USA*, in "Il Sole 24 Ore", 31 gennaio.

Finito di stampare
nel mese di febbraio 2022
presso Rotomail Italia S.p.A. – Vignate (MI)